Verlag Ulmer Manuskripte

Wissenschaft, Wirtschaft und Kultur
im Zeichen des Ulmer Münsters

Bibliographische Information der Deutschen Bibliothek
Die Deutsche Bibliothek verzeichnet diese Publikation in der Deutschen Nationalbibliografie; detaillierte bibliografische Daten sind im Internet über http://dnb.ddb.de abrufbar.

Verlag Ulmer Manuskripte
Blaubeuren/Ulm 2006
http://www.ulmer-manuskripte.de
Druck: DIP Digital Print, Witten
Satz und Umschlaggestaltung: Deniz Danyeri

Printed in Germany
ISBN 3-939496-37-5
978-3-939496-37-0

Bernhard Görnig

Schwerenots letzte Klassenfahrt

(den Aufzeichnungen eines geplagten Lehrers nacherzählt)

INHALT

Einsteigen bitte

Eine Amsel singt in den frischen Maimorgen. Träge schlurfen die ersten Kinder über den Schulhof. Ich stelle meine Reisetasche neben der Garderobe ab und gehe ins Lehrerzimmer. Frau Bausch sitzt schon auf ihrem Platz, als wäre sie noch von gestern da. Jeder hat hier seinen Platz, einen Polsterstuhl mit Armlehnen, auf dem er im Laufe der Jahre so einiges aussitzt. Nach zwei Minuten grüßt Kollege Heimels herein, tippelt aber sogleich wieder davon, weil er Aufsicht hat. Nach und nach kommen die anderen, unterhalten sich beiläufig und warten auf den Gong zur ersten Stunde.

Sogar Klebricht lässt sich blicken. Er wird drei Tage ohne mich auskommen müssen, denn ich fahre mit meiner Klasse in die Jugendherberge. Einmal noch nach Thronstein! Zum letzten Mal, denn im Sommer gehe ich in Pension. Dann sollen sie mal ohne mich. Dann werde ich endlich Zeit haben, mich um Haus und Garten zu kümmern und die Bücher zu lesen, die ich immer schon mal lesen wollte.

Eigentlich bin ich zu etwas Höherem berufen gewesen, als mich ein Leben lang mit anderer Leute Kinder herumzuplagen oder Klebrichts Adjutant zu sein. Mindestens Schulamtsdirektor hätte ich werden müssen. Was mir gefehlt hat, war das richtige Parteibuch. Eins der Opposition hätte schon genügt, denn auch der sogenannte Proporz kann ja einer Karriere förderlich sein. Aber ich wollte die Welt nicht ausschließlich durch eine so oder anders gefärbte Brille betrachten.

Meine erste Lehrerstelle bekam ich Anfang der sechziger Jahre an einer achtklassigen Volksschule, zehn Kilometer von Mittenberg entfernt. Damals galt ein Lehrer noch was. Unser Schulleiter war nicht nur ein großer Pädagoge vor dem Herrn, sondern auch ein leidenschaftlicher Jäger. Außerdem leitete er den gemischten Chor Cäcilia. So schwungvoll wie den Dirigentenstab gebrauchte er im Unterricht zur Züchtigung den Haselstock, je nach Vergehen in den „Windstärken“ fünf bis zehn, wobei sich der Übeltäter beim Strafvollzug bücken und mit den Fingerspitzen den Boden berühren musste. Brave Schüler wurden in der letzten Klasse gelegentlich in den „Außendienst“ abgeordnet, um Hochsitze zu bauen oder Wildäcker anzulegen. Ich war beeindruckt von solchen Beispielen lebensnahen Unterrichts, die nachzuahmen ich jedoch nur kurze Zeit Gelegenheit hatte, denn nach einigen Jahren wurde die Volksschule wegreformiert und ich an eine der neu geschaffenen Hauptschulen nach Mittenberg versetzt.

Als ich mich beim dortigen Bürgermeister vorstellen wollte und durch das Labyrinth der Rathausflure irrte, wies mir eine junge Angestellte den Weg. Sie war hübsch, sprach mit klarer, wohlklingender Stimme, und als sie mich aus dunklen Augen anblickte, wobei sie eine Locke ihres schwarzen Haares aus der Stirn streifte, fühlte ich mich verzaubert und in einen Strudel verwirrender Gefühlsregungen hineingezogen. Ich nahm diesen Augen-Blick mit in meine Träume, eine seltsame Unruhe bemächtigte sich meiner und trieb mich in der Folgezeit öfter durch die Rathausflure, wo ich der jungen Dame, sie hieß Lissy Walkeroth, noch einige Male begegnete. Dass sie sich überreden ließ, mir auch auf private Wege zu folgen und mich schließlich heiratete, erscheint mir heute wie ein Wunder. Ihm folgte ein zweites: Wir waren etliche Jahre glücklich, bauten unser eigenes Heim und bekamen sogar eine Tochter.

Schneller als mit unserer Ehe ging es mit der Hauptschule bergab, die schon bald, auch wenn man das nicht aussprechen durfte, zur Restschule verkümmerte. Man legte zusammen, löste auf, und ich bat um Versetzung an die Grundschule. So landete ich in Eichhausen. Zuerst dachte ich: Das Gekreische auf dem Schulhof hältst du nicht lange aus. Aber allmählich gewöhnte ich mich daran und blieb.

Seit Klebricht bei uns Schulleiter ist, finde ich sogar die Bestätigung, die man in unserem Job dringend braucht, denn er klopft mir schon mal anerkennend auf die Schulter. Ein Organisationstalent, dieser Mann. Wie er Arbeit zu delegieren versteht, lässt einen nur staunen. Außerdem ist er ein begabter Kommunalpolitiker! „Vor allem" müsste ich sagen, denn Unterrichten liegt ihm weniger. Als er sich vor zwölf Jahren um den Rektorposten an unserer Grundschule bewarb, habe ich ihm die Lektion entworfen, die er halten musste und für ihn der schwierigste Teil seiner Revision war. Sicherlich hätte er diese auch ohne meine Hilfe geschafft, weil er das Parteibuch besaß, das man damals gerade brauchte; die Entwürfe brachten ihm jedoch hohes Lob ein, und seitdem erfreue ich mich seines Wohlwollens. Dank seiner Unterstützung bekam ich nach ein paar Jahren die Konrektorstelle und wurde sein Stellvertreter. Wenn man so will, ist also auch mir das viel zitierte Vitamin B hilfreich gewesen. Allerdings habe ich neben dem Unterricht eine Menge Arbeit am Hals und oft kommt mir Klebricht mit zusätzlichen Aufgaben, wenn er als Funktionsträger seiner Partei wieder einmal während der Schulzeit in Sachen Politik zu tun hat.

„Schwerenot, könntest du meine sechste Stunde übernehmen, du hast da gerade frei."

Oder: „Den Stundenplan schaffst du doch allein, ich habe noch so viel zu erledigen und bin mächtig unter Zeitdruck."

Oder, in der Konferenz: „Schwerenot, diese Aufgabe wäre eine echte Herausforderung für dich.“

Ich nehme das in Kauf, denn Klebricht stärkt mir indirekt durch solche Zuweisungen den Rücken. Kollegen und Eltern respektieren mich gleichermaßen, und wenn ich im Sommer in Pension gehe, werde ich zu denen gehören, die engagiert und kompetent und gewissenhaft ihre Pflicht erfüllt haben. Zwar werde ich mich nicht mit dem Ehrenring der Stadt Mittenberg und schon gar nicht mit dem Bundesverdienstkreuz schmücken können, ein freundlicher Nachruf in der Lokalzeitung wird mir jedoch sicher sein.

Aber nun los! Der Bus wird gleich kommen, und die Kinder, die ja heute „Kids“ heißen, warten auf dem Schulhof.

Früh beim Rasieren hat mir der Spiegel verraten: „Du bist alt geworden, mein Lieber.“ Aber älter als ich bin, nämlich dreiundsechzig, sehe ich nicht aus. Meine Augen blicken zwar morgens noch etwas trübe, gewinnen aber, nachdem ich meine Brille aufgesetzt habe, alsbald an Klarheit.

Ich rasiere mich stets sorgfältig, nass natürlich. Stoppelmäßig kultiviert oder mit einem Sechs-Tage-Bart würde ich mich nie in der Öffentlichkeit zeigen. Die Strichbärte und gestylten Frisuren, mit denen jetzt manche umherlaufen, finde ich sowieso abartig. Aber ich will ja tolerant sein und sollte das besser nicht erwähnen. Auf Wanderfahrt trage ich sogar Jeans wie die jüngeren Kollegen.

Und meine Viertklässler? Sie sind ordentlich und zweckmäßig gekleidet, wie es sich gehört: festes Schuhwerk, Windjacke, vernünftige Hosen.

„Mit Skaterhosen, bei denen der Schritt in den Kniekehlen hängt, können die Jungs schlecht wandern“, hat Frau Linden, die Klassenpflegschaftsvorsitzende, ganz in meinem Sinn auf dem Elternabend vorgebracht.

„Erst recht, wenn man einige überflüssige Pfunde mit sich rumschleppt“, habe ich hinzugefügt.

Auch die meisten Mädchen tragen Hosen, lang oder dreiviertellang.

Ich weiß noch, wie in den Jugendherbergen ein Schild hing, auf dem unter einer entsprechenden Karikatur zu lesen stand:

„Die Hose zieret nur den Mann,
drum, Mädchen, zieh ein Röcklein an!“

Und nur ein paar Jahrzehnte ist es her, als man Esther Ofarim den Zutritt in ein Nobel-Hotel verwehrte, weil sie einen Hosenanzug trug. Aber die Bluejeans setzten sich durch; der Röcklein-Vers ist längst Vergangenheit. Die Frauen sind emanzipiert und haben die Hosen an. In den letzten Jahren muss allerdings wegen der großen Nachfrage der Baumwollstoff knapp geworden sein. Die Jeans reichen bei den Teenies kaum noch über das Gesäß. Und da man ebenso bei den ärmellosen Oberteilen, den Tops, an Stoff spart, präsentieren die heranwachsenden Schönen einen Streifen ihrer Taille atemberaubend nackt, und das nicht nur zur Sommerzeit. In manchen Schulen sorgte die aufreizende Nabelschau für Verwirrung und man verbot sie. Worauf eine Fünfzehnjährige vor der Fernsehkamera protestierte: „Was wir anziehen, geht die Lehrer einen Scheißdreck an; die sollen unterrichten!“

Ja, wenn sie noch könnten!

Angesichts der Zustände in Deutschlands Schulen befinden wir uns in Eichhausen auf einer Insel der Seligen, wenn auch hier die Lehrer stöhnen: „Es wird von Jahr zu Jahr schlimmer!“ Was jedoch meine einstigen Hauptschulkollegen so alles berichten, lässt mich um die Zukunft der Nation bangen.

Auf dem Schulhof stehen Mütter, Väter oder Großeltern, die ihre lieben Kleinen zum Bus gebracht haben und verabschieden wollen. Sogar meine drei Türkenmuttis – zwei mit, eine ohne Kopftuch - sind darunter. Na also! Es wäre auch zu schade gewesen, wenn ihre Kinder nicht mitgedurft hätten.

Alle diese Erwachsenen geben sich heiter und zuversichtlich, obgleich auf ihren Gesichtern eine gewisse Bangigkeit zu lesen ist. Dabei können sie sich auf mich verlassen. Ein alter

Hase wie ich kennt sein Geschäft. Sorgfältige Planung plus Routine plus pädagogisches Geschick; wenn trotzdem etwas schief geht, liegt es nicht an mir.

Vor bösen Überraschungen ist man nämlich nie ganz sicher. Mit einer siebten Hauptschulklasse fuhr ich seinerzeit eine Woche nach Norddeutschland auf einen Reiterhof. Alles war mit den Eltern besprochen und gut vorbereitet. Als wir zwei Tage dort waren, klagte Pummelchen Nicole über Unwohlsein und Atemnot. Ich rief die Mutter an.

„Ach, Sie sind auf einem Reiterhof? Das wusste ich nicht. Nicole hat nämlich eine Allergie gegen Pferde. Am besten, sie kommt nach Hause. Ich setze mich gleich ins Auto und hole sie." Die Gute kam nach fünf Stunden an. „Waren nur dreihundert Kilometer", meinte sie. „Leider ist der Tank leer und ich habe in der Eile vergessen, Geld einzustecken. Wenn Sie mir vielleicht ..."

„Selbstverständlich, wenn's weiter nichts ist", sagte ich.

Vor fünfzehn Jahren stand ich mit einer Grundschulklasse auf dem Bahnsteig in Eichhausen. Mit vollem Gepäck. Wir wollten in eine Jugendherberge oben im Sauerland. Vierzig Kilometer mit dem Zug, weiter mit dem Linienbus, dann noch ein Stückchen auf Schusters Rappen.

„Sie können doch den Eilzug nehmen, gegen neun Uhr", hatte mir Frau Rasche, die Schulsekretärin, geraten.

„Hält der denn in Eichhausen?“

„Planmäßig nicht. Sie müssen in Mittenberg beantragen, dass er hier halten soll. Frau Sommers hat das letztes Jahr auch so gemacht.“

„Ach ja, vielen Dank!“

Drei Tage vor der Fahrt holte ich am Schalter in Mittenberg die Fahrkarten und beantragte das außerfahrplanmäßige Halten des Zuges in Eichhausen.

„Das kriegen wir noch hin“, meinte der Beamte. „Aber Sie wären besser einen Tag früher gekommen!“

Wie es weiterging, lässt sich erahnen: Als wir auf dem Bahnsteig standen, brauste der Eilzug vorbei, und wir mussten zwei Stunden auf den nächsten „Bummelzug“ warten. Die Eltern, die ihre Kinder zum Bahnhof gebracht hatten, guckten mich vielleicht an! Natürlich dachten sie, *ich* hätte die Sache vermasselt. Erst am späten Nachmittag erreichten wir die Herberge. Der Schalterbeamte in Mittenberg, den ich sofort anrief, litt unter Gedächtnisschwund. An einen konkreten Antrag konnte er sich nicht erinnern.

Ich telefonierte mit Klebricht.

„Dem werden wir helfen!“, tönte er. „Du hast dir das doch auf dem Gruppenfahrschein bestätigen lassen! Wie? Hast du nicht? Mein Gott, Schwerenot!“ Er murmelte etwas Unverständliches, und ich sah ihn vor mir, wie er verärgert die

Augen rollte und den Kopf schüttelte. Dann aber, nachsichtig und ruhig, drang seine Stimme an mein Ohr: „Weißt du was, Schwerenot, warum sollen wir weiter darin herumwühlen! Die Eltern bringen es fertig und rennen zum Schulamt. Das gibt nur Ärger. Also gib Acht, dass nicht sonst noch was passiert!"

Ich musste an den Kollegen Steinle denken, der einen Jugendherbergstermin verbindlich abgemacht hatte. Behauptete er jedenfalls. Als er mit der Klasse ankam, ging es ihnen wie Maria und Josef; es war kein Platz für sie in der Herberge.

„Telefonisch vereinbart? Das gibt es gar nicht", kriegte er zu hören. „In welcher Welt leben Sie denn? Anmeldungen erfolgen grundsätzlich schriftlich und werden auch schriftlich bestätigt."

„Aber Sie haben gesagt, der Termin sei frei!"

„Nach freien Terminen erkundigen sich viele, jeden Tag. Verbindlich sind nur schriftliche Zusagen."

„Dieser Trottel!", schimpfte Klebricht. Er erfuhr von der Sache erst drei Wochen später, weil Steinle kein Wort davon erwähnte. Er hatte Glück gehabt. Eine wenig attraktive Herberge in der Nähe war nicht ausgelastet, und er konnte dort mit den Kindern unterkommen. Die zusätzlichen Fahrtkosten bezahlte er wahrscheinlich aus eigener Tasche. Was die Eltern dachten, kann man sich vorstellen. Sie gingen aber nicht auf die

Barrikaden, was Klebricht ganz recht gewesen wäre, denn er hätte Steinle gern eins ausgewischt. Bis Eltern auf die Barrikaden gehen, muss schon einiges zusammenkommen. Die meisten befürchten Nachteile für ihr Kind, wenn sie sich mit „den Lehrern" anlegen. Es gibt auch welche, denen ziemlich egal ist, was in der Schule passiert.

Bei mir läuft seit der Zuggeschichte alles nur noch schriftlich. Wer ein Buch bei mir ausleiht, muss unterschreiben. Wer mich besuchen will, meldet sich, bitte schön, schriftlich an.

Die „Zettelwirtschaft" ist für mich auch deshalb wichtig, weil mein Gedächtnis rapide nachgelassen hat. Neulich vermisste ich mein Portmonee. Vergeblich der Griff in die Brusttasche meiner Jacke. Da musste ich es hineingesteckt haben, an der Kasse in „Ritas Futterlädchen", wo ich regelmäßig für meine Katze einkaufe. Die hat mir vor zehn Jahren Töchterchen Monique vererbt, als sie vom Land nach Köln in die Großstadt zog und in der neuen Wohnung für das Tier kein Platz war. „Du bist doch so allein, seit Mutti dich verlassen hat. Da kannst du ein Kätzchen gut gebrauchen." Nun darf *ich* mich um das Vieh kümmern, das wahrscheinlich niemals sterben wird.

Also, die übliche Suchaktion: Nachttisch, Küchenschublade, Garderobe, Bad, Aktentasche, Auto. Hatte ich das Portmonee etwa doch im „Futterlädchen" liegen lassen, gegen jede

Gewohnheit an der Kasse abgelegt? Das Bezahlen mit Euro und Cent macht mich immer noch ein wenig kribbelig.

Ich fuhr hin.

„Ein Portmonee? An der Kasse? Nein, tut mir Leid." Die Verkäuferin musterte mich von oben bis unten. „Haben Sie denn zu Hause in Ruhe nachgeguckt?"

„Ja, freilich, alles auf den Kopf gestellt."

„Es wird sich schon wiederfinden", meinte sie und sollte Recht behalten.

Als ich am Abend die Butterdose aus dem Kühlschrank nehmen wollte, lag darin, sicher wie in einem Safe, mein Portmonee. „Jetzt ist es bald soweit", dachte ich.

Übern Zaun erzählte ich Nachbar Friedhelm die Geschichte. Friedhelm, ebenso grauhaarig wie ich, winkte nur ab und tröstete mich: „Wer in unserem Alter noch alles behält, ist nicht normal."

Wo waren wir stehen geblieben?

Klebricht, da bin ich überzeugt, fängt jede Stunde so an.

„Wo waren wir stehen geblieben?" Klassischer Einstieg für alle, die sich nicht vorbereitet haben. Und die anderen beginnen: „Wir wollen heute ..." Dabei wollen die Kinder doch gar nicht.

„Wer sich noch vorbereiten muss, wenn er die Jahrgänge einmal durch hat, ist ein schlechter Lehrer", flüsterte mir ein Kollege auf einer Fortbildung zu.

Dächten alle Lehrer so, brauchte man sich über das schwache Abschneiden unseres Schulwesens im internationalen Vergleich kaum zu wundern. Die meisten jedoch mühen sich redlich, die laufend revidierten Lehrpläne umzusetzen und die ständig sich ändernden gesellschaftlichen Forderungen an die Schule zu erfüllen.

„Man soll uns mal ein paar Jahre in Ruhe arbeiten lassen!", habe ich oft auf Konferenzen gehört. Aber das dürfte in unserer hektischen Zeit und in Klassen mit Schülern unterschiedlichster Herkunft, Erziehung und Lernbereitschaft eine Illusion bleiben.

„Die Strategen am Schreibtisch, die in den Ministerien Gesetze und Lehrpläne aushecken, haben doch keine Ahnung davon, was täglich in der Praxis abläuft", klagte neulich wieder Freund Mälzer, der noch an der Hauptschule unterrichtet.

„Wahrscheinlich hast du Recht", sagte ich. „Wie soll einer die Dinge von innen kennen, wenn er über ihnen schwebt?"

Der Bus ist da, hält an der Bordsteinkante. Meine „Begleitperson", Lehramtsanwärterin Heike Jolant, steht da wie ein Fels in der Brandung. Ist auch kräftig gebaut. Und einen Kopf größer als ich. Die sind heutzutage alle größer. Soll am Weißmehl liegen, habe ich gelesen. Fördert das Wachstum der langen Röhrenknochen. Als ich im Wachstum war, gab es weder Weißmehl noch Vollkornmehl. An Maisbrot und Quäkerspeise erinnere ich mich. Was sollte da aus einem werden? Immerhin schaffte ich es bis einsneunundsechzig. Also, die Frau Jolant weiß, wo es lang geht, im Gegensatz zu vielen jungen Kolleginnen und Kollegen, die vom Lehrerdasein eine ziemlich illusorische Vorstellung haben. Eigentlich recht hübsch, meine Begleiterin. Ebenmäßige Gesichtszüge, lange mittelblonde Haare, intelligent, sportlich. Stets ein bisschen braun von der Sonnenbank. Und natürlich in festen Händen. Das sind heute in dem Alter die meisten. Mit dem Heiraten aber lassen sie sich Zeit. Anders als Lissy und ich damals.

„Guten Morgen zusammen!“

„Guten Morgen, Herr Schwerenot!“

„Ihr wisst ja, nicht drängeln! Sagt euren Eltern auf Wiedersehen und reicht dem Busfahrer das Gepäck!“

Ich könnte es nicht ertragen, wenn meine Klasse wie eine Meute bei der Fuchsjagd den Bus stürmte.

„So, Herrschaften, alle wieder raus! Und noch einmal einsteigen! Seht Ihr wohl, so geht's doch auch. Und viel besser sogar.“ Das hätten wir geregelt.

Der Busfahrer hat mir ein bisschen dazwischengefunkt und verstaut das Gepäck schon in den Laderaum. Dann erst verabschieden sich die Eltern. Na gut, in Kleinigkeiten sind wir großzügig.

Frau Jolant geht nach hinten. Ich sitze in der zweiten Reihe, die erste bleibt frei. Beim Busfahren wird mir leicht übel, aber vorn halte ich es schon eine Weile aus. Eine Ausflugsfahrt mit Erwachsenen wäre für mich ein Gräuel. Ich habe nicht gern jemand auf Tuchfühlung neben mir – Lissy ausgenommen, aber die ist ja nun weg.

Manchmal denke ich, die Leute sehen mir diese Aversion an. Bin ich gezwungen, mit dem Linienbus zu fahren, bleibt der Platz neben mir frei, bis kein anderer mehr zu haben ist. Gehe ich in die Kirche, wozu ich mich, seit ich in die Jahre gekommen bin, öfter genötigt fühle, bleibt neben mir die ganze Reihe frei. Dabei leide ich nicht an Mundgeruch, wie ich versichern möchte. Es liegt wahrscheinlich an meinem Gesicht.

Oft, wenn ich jemanden treffe, werde ich gefragt: „Geht es Ihnen nicht gut?" „Wieso?", frage ich zurück und erhalte die Antwort: „Na, Sie gucken so."

Meine Kolleginnen und Kollegen grinsen schon erwartungsvoll, wenn ein Vertreter oder gar der Schulamtsdirektor auf mich zusteuert. Und Kollegin Lieselotte, meine sympathische Verbündete, rät: „Häng dir endlich ein Schild um den Hals: Ich gucke immer so!"

Das übliche Winken, eine Kurve - und die Eltern sind aus dem Blick. Erstes Durchatmen. Doch nun kommt die Stunde des Busfahrers.

Die lieben Busfahrer

Busfahrer sind eine Spezies für sich. So wie die Schulhausmeister, aber die lassen wir besser außen vor, sonst gibt das hier ein Buch nur über sie. Und von den Busfahrern will ich der Klarheit wegen nur die zwei Typen gegenüberstellen, mit denen wir Lehrer zu tun haben.

Fangen wir mit den coolen Busfahrern an, die mittlerweile in der Mehrheit sind. Cool heißt soviel wie „ruhig“, „gelassen“, „bedachtsam“, aber als moderner Pädagoge muss man zeigen, dass man der griffigeren Anglizismen mächtig ist. Die coolen Busfahrer tun ihren Job, beschränken sich bei Schulfahrten auf wesentliche Hinweise und überlassen es den Lehrern, für Ordnung zu sorgen. Sie sind höflich und kaum aus der Ruhe zu bringen. Diese Busfahrer, zunehmend sind es auch Busfahrerinnen, gehören meist der jüngeren Generation an. Ihr Verhältnis zu den Lehrpersonen hängt allerdings davon ab, wie ihre Kinder, falls sie welche haben, in der Schule zurechtkommen. Oder wie sie selber zurechtgekommen sind. Denn das ist immer und überall so: Wenn einer nicht zurechtkommt, sind die Lehrer schuld, und man hat ihnen gegenüber Vorbehalte. Busfahrer vom Typ eins sind jedoch bestrebt, diese zu unterdrücken und jeder Lehrperson, wenigstens zunächst einmal, Gerechtigkeit widerfahren zu lassen. Sie sind angenehm, umgänglich und unkompliziert.

Kommen wir zu Typ zwei, altersmäßig bereits über die Midlifecrisis, die „Krise in der Mitte des Lebens“, hinaus. Wie leicht klingt doch das englische Wort gegenüber der schwerfälligen deutschen Benennung!

Also Typ zwei:

„In meinem Bus habe ich das Sagen, da redet mir kein Lehrer dazwischen.“

Schon beim Einsteigen der jugendlichen Fahrgäste trommelt dieser Typ nervös mit den Fingern auf das Schaltpult. Soll heißen: „Beeilt euch gefälligst! Ihr wisst doch, dass ich einen Plan habe, an den ich mich halten muss! Außerdem ist es kein Vergnügen, Schulklassen zu fahren.“

Sobald der Bus nach Überqueren diverser Kreuzungen die Landstraße erreicht hat, ergreift dieser Busfahrer das Mikrofon.

„Alle mal herhören. Ich heiße Hartmut, und ich soll euch in die Jugendherberge fahren. So. Damit Ihr es wisst: In meinem Bus wird nicht gegessen. Ich sehe da einige, die anfangen, ihr Butterbrot auszupacken. Ihr habt doch sicher zu Hause gefrühstückt. So. Ich habe heute Morgen erst den Bus sauber gemacht, alle Sitze, alle Abfallbehälter. Die sind nur für Erwachsene, bei den großen Reisen. Ich fahre nämlich morgen nach Österreich. Also nicht für euch. So. Und bleibt auf euren Plätzen sitzen. Es wird nicht umhergelaufen. Kann sein, ich muss plötzlich bremsen. So. Und es wird nichts geworfen. Wer was durch den Bus schmeißt - ich halte sofort, der darf draußen weitermachen. So. Und die Bordtoilette ist abgeschlossen. Die ist ebenfalls nur für die großen Reisen."

Rief doch auf einer meiner Fahrten an dieser Stelle eine mit piepsiger Stimme: „Und wenn ich mal muss?"

„Hast du Blasenschwäche?", konterte Hartmut, der auf diese Frage gewartet zu haben schien, denn sie gab ihm Gelegenheit, seine Schlagfertigkeit und seinen Humor zu beweisen.

Alles wieherte, nur die mit der piepsigen Stimme nicht.

Hartmuts Ansprache nimmt zum Schluss eine freundliche Wendung: „Ich habe übrigens Limo und Cola an Bord, hier vorn, in der Kühltruhe. Könnt ihr jetzt kaufen. Und nun wünsche ich euch eine gute Fahrt!"

Er versenkt das Mikro und streift mich mit abschätzigem Blick. „Siehst du, Herr Lehrer, so geht das!" Sagt er nicht, denkt er aber. Und sogleich zeigt er sich umgänglich. Legt eine Kassette mit den neuesten Disco-Hits ein.

Auf jeder Fahrt wummen heute die Bässe, dass es eine Art ist. Längst braucht man nicht mehr selber zu singen - „Hoch auf dem gelben Wagen", „Das Wandern ist des Müllers Lust",

„Wenn alle Brünnlein fließen“ oder „Muss i' denn zum Städtele hinaus“ - ; die Zeiten sind vorüber. Finge man damit an, bekämen die Jugendlichen einen Lachkrampf oder hielten sich die Ohren zu.

Auf meiner letzten Klassenfahrt nach Thronstein habe ich mal wieder Typ zwei erwischt. Ich will auch ihn Hartmut nennen. Er kennt mich von mehreren Fahrten und weiß, dass er sich den größten Teil seiner Rede sparen kann. Denn von meinen Schülern isst keiner sein Butterbrot im Bus. Und wer meint, er müsse unbedingt ein Bonbon lutschen, steckt das Papier – wie bei unseren Wanderungen - in die eigene Tasche oder in einen gemeinsamen Müllbeutel. Entsorgt wird später in einen dafür aufgestellten Container. Nicht werfen! Mit nichts! Und jeder bleibt auf seinem Platz!

Lars, mein Sorgenkind, schafft es allerdings, sich an mir vorbei nach vorn zu mogeln und den Fahrer mit Fragen über die neuen Gelenkzugomnibusse für sich einzunehmen.

Erziehen heißt konsequent sein, manchmal jedoch: ein Auge zudrücken. „Ich möchte nämlich Busfahrer werden“, sülzt Lars. Na gut, das erspart mir, den Fahrer bei Laune zu halten.

„Das lernte ich nie, einen Bus zu fahren“, werfe ich noch schnell ein. Worauf mich beide, Lars und Hartmut, prüfend anblicken. Hartmut flüchtig, denn er muss ja auf die Straße achten. Lars ein bisschen länger. Ein Lehrer, der zugibt, etwas nicht lernen zu können, erscheint ihnen suspekt. Aber dann fühlen sich beide in ihrer Ansicht bestätigt, in mir einen der wenigen akzeptablen Vertreter der pädagogischen Zunft vor sich zu haben - denke ich wenigstens - und überlasse sie ihren Fachsimpeleien. Was der Lars mit seinen zehn Jahren so alles von Technik versteht, ist erstaunlich. Vielleicht versuche ich bei Gelegenheit, ihn von dieser Seite zu packen.

Und was Hartmut betrifft, den ich als Prototypen ein wenig überzeichnet habe, so scheint er mir in einigen Wesenszügen sogar ähnlich zu sein.

Als wir vor einer Baustellenampel halten müssen, deutet er auf die Wiese am Straßenrand. „Sieh dir das an!“, sagt er kumpelhaft zu mir. „Sieh dir das an!“

Ich nicke gehorsam, teile seine Kritik. „Nicht zu fassen!“, sage ich. „Die reinste Müllhalde!“

„Die Baustelle ist knapp vierzehn Tage alt“, erklärt Hartmut. „Wenn sie hier halten, leeren sie zuerst mal ihre Aschenbehälter. Dann ziehen sie sich ihre Snacks rein und ab mit der Verpackung durchs Fenster. Und die Tetrapacks und Cola-Dosen hinterher.“

„Dabei ist doch jetzt Pfand auf den Dosen“, sage ich.

Hartmut nickt. „Es gibt welche, denen das ganz egal ist.“

Provozierend fügt er hinzu: „In der Schule lernen die Kinder nicht mal, wie man eine Mütze richtig herum aufsetzt. Die haben sie sogar im Unterricht auf dem Kopf. Wenn man ihnen wenigstens beibrächte, ihren Müll nicht in die Gegend zu schmeißen!“

„Ach ja, immer auf die Schule!“, seufze ich und füge hinzu: „Und was, meinst du, sollten die Eltern tun?“

Dass ich ihn frage und sein Du erwidere, schmeichelt ihm.

„Die machen es ihnen doch vor“, lenkt er ein und bewegt abwinkend die Hand.

Wir fahren ein Stück Autobahn, dann über die Landstraße, und bei jedem Kreuz am Wegrand hebt er das Kinn und sagt bedeutungsschwer: „Da!“

Nach dem dritten „Da!“ befleißige ich mich einer Antwort: „Wenn man bedenkt, wieviel Leid sich dahinter verbirgt!“ Hartmut zuckt die Schultern.

Vor uns auf dem Felsen liegt Thronstein. Liegt? Wie soll einer jemals die deutsche Sprache beherrschen können! Thronstein ist eine alte Ritterburg. Sie *liegt* doch nicht. Aber sollte man sagen *steht* Thronstein? Oder *erhebt* sich Thronstein. Das hört sich pathetisch an und ist reichlich abgedroschen. Also lassen wir es *liegen*. Außer mir denkt sich niemand was dabei.

Der geteerte Fahrweg zur Burg biegt in einer scharfen Kurve von der Hauptstraße ab. Ob sich Hartmut noch an die

Fahrt vor zwanzig Jahren erinnert, als er uns unten im Ort aussteigen ließ? Sein Bus sei zu lang. Mit dem kriege er die scharfe Kurve nicht, behauptete er. Was blieb uns anderes übrig, als zu Fuß den Berg hinaufzusteigen! Ich ging mit gutem Beispiel voran. Damals musste man noch generell eigene Bettwäsche mitbringen. Die meisten Kinder waren bepackt wie Maulesel.

„Denkt an die alten Rittersleut, Kinder! Die mussten alles, was sie brauchten, aus dem Tal nach oben schaffen.“

„Die hatten doch Pferde, Herr Schwerenot!“

„Und Fuhrleute!“

„Na gut, aber wir schaffen es auch so.“

Heute passierte mir so etwas nicht mehr. Außerdem sind heute die Kinder anders. Die machten das nicht mit. Vielleicht ist auch Hartmut heute anders. Oder es war ein anderer Hartmut damals. Man verwechselt nach so langer Zeit leicht mal was. Heute jedenfalls schafft Hartmut mit seinem Reisebus die Kurve spielend. Die Kinder applaudieren ihm, bevor wir auf dem Parkplatz oben aussteigen. Ganz „spontan“, wie ich ihnen vorher eingeimpft habe. Beifall ist besser als das leidige Trinkgeld, mit dem man nur den Charakter verdirbt. Das überlassen wir den Erwachsenen. Keine Gruppenfahrt, bei der nicht irgendwer auf die Idee kommt, Busfahrer seien im Einkommen Sozialhilfeempfängern gleichgestellt und könnten nur durch eine Hut- oder Tellerspende vor der totalen Verarmung bewahrt werden.

Wer mit der Bahn reist, käme nie auf die Idee, Trinkgeld zu geben, weder dem Schaffner noch dem Lokführer oder dem Zugführer, obwohl die alle ordentlich und meistens freundlich ihren Dienst tun.

Was man nicht studiert hat

Meine junge Kollegin Susanne erzählte von einer Bahnfahrt, auf der sich eine ihrer Schülerinnen aus der dritten Klasse in der Zugtoilette eingeschlossen hatte und die Tür nicht wieder aufbekam. Zum Glück hatte Susanne vorsorglich angeordnet: „Wer zur Toilette muss, nimmt jemand mit, der vor der Tür wartet!“ So war schnell Hilfe zur Stelle, und die Geschichte gehört zu denen, über die man im Nachhinein lachen darf.

Als ich einst mit einer 9. Hauptschulklasse im Zug reiste, kam der Schaffner in mein Abteil.

„Sie haben so einen Giraffenhengst dabei. Nebenan. Der hängt dauernd seinen Hals aus dem Fenster. Bis der Kopf ab ist!“

Ich nach nebenan. Jan-Christoph, die Zwei-Meter-Latte natürlich! Intelligenz in umgekehrtem Verhältnis zur Körpergröße. Klar, wenn der seinen Kopf raushing!

„Habe ich nicht gesagt, die Fenster bleiben zu?“

„Es war doch im Bahnhof, als der Zug gehalten hat.“

Die anderen im Abteil nickten eifrig. „Ja, bestimmt, es war ...“

„Die Fenster bleiben zu, verstanden!“

„Is gebongt, Herr Schwerenot.“

In meinen frühen Lehrerjahren, als ich noch mehr Power

besaß, hätte ich ihnen eine Strafarbeit aufgebrummt, zwei Seiten: „Warum wir im Zug die Fenster nicht öffnen sollen". Oder so ähnlich. Aber davon war ich damals bereits weg. Obwohl Strafarbeiten noch erlaubt waren. Man musste ewig hinterherlaufen und bestrafte hauptsächlich sich selbst. Denn wenn einer sie nicht machte, stand man da. „Ach, du hattest keine Zeit? Dann für morgen drei Seiten!" Wiederholung des Vorgangs am nächsten Tag: „Für morgen vier Seiten!" Und so fort. Bis sechsunddreißig Seiten. Bis man aufgab. Oder die Eltern auf der Matte standen: „Sie glauben doch nicht im Ernst ..." Nein, glaubte ich nicht und kam folgerichtig von den Strafarbeiten ab. Außerdem hatte ich Wichtigeres zu tun, als die langweiligen Erklärungsversuche und Gelöbnisse auf Besserung durchzulesen. Und das sollte man tun, wenn sich tatsächlich einer hinsetzt und eine Seite zu Papier bringt. Zu dieser schlichten Erkenntnis kam ich leider, ich muss es gestehen, nicht von selbst. Als mir in meinen ersten Hauptschuljahren einer meiner Schüler seine Strafarbeit auf dem Flur in die Hand drückte, nahm ich sie herablassend entgegen, warf einen flüchtigen Blick darauf, riss sie in Stücke und gab sie dem Sünder mit einem „Okay" zurück. Darauf zupfte mich der Kollege Breitseidel am Ärmel und flüsterte: „Kannst du doch nicht machen, Schwerenot! Wenn du das Geschreibe schon nicht lesen willst, nimm es mit nach Hause und zerreiß es da! Besser, du schreibst eine kurze Bemerkung drunter und gibst es am nächsten Tag zurück!“

Wahrscheinlich bin ich damals rot geworden. Und noch viele Male hinterher, wenn ich daran dachte und mich schämte, weil einer wie Breitseidel mir das sagen musste! Und doch: Wie gut, dass er es sagte! Kollegen kritisiert man oft, aber meistens bei anderen hinter vorgehaltener Hand. Breitseidel hatte jedenfalls bei mir gewonnen. Bei dem wusste ich, woran ich war.

Manche Binsenweisheit kommt im Studium kaum zur Sprache, zum Beispiel diese: Je lauter der Lehrer, umso lauter die Klasse. Wird vorausgesetzt, dass dir das klar ist. Manche Kollegen könnten von ihrer Lautstärke her locker in zwei Klassen unterrichten; wenn man die Fenster öffnete, auch im gegenüberliegenden Gebäudetrakt. Mich wundert, dass die Koryphäen in den Kultusministerien noch nicht auf den Gedanken gekommen sind, auf diese Weise dem Lehrermangel abzuhelfen.

In der Hauptschule war einer, der dozierte unentwegt, gleichbleibend im Ton, ohne Fragezeichen, ohne Gedankenstrich; der hörte erst auf, wenn der Pausengong ertönte. Aber es hieß, bei dem lernen die Kinder was. Jedenfalls hatten sie gute Noten.

Bei einem anderen, wenn du an seiner Klasse vorbei gingst, dachtest du, der ist gar nicht da. Du klopftest an die Tür. Niemand hörte dich. Du öffnetest. Chaos sondergleichen. „Wo ist denn euer Lehrer?“ Jetzt hörtest du seine Stimme, und irgendwo in der Mitte, wo es über Tisch und Bänke ging, da tauchte er auf. Keinesfalls verlegen. Sein Unterricht war in einer „produktiven Phase“. Von denen fügte sich eine an die andere, immerfort.

Im Kollegium fragen sie sich, wie so einer durch die zweite Lehrerprüfung gekommen ist. Aber die ist nur eine Momentaufnahme mit großer Blende. Zwar erkennen die Prüfer, ob einer „ein Händchen“ und das nötige Wissen hat; sie können jedoch nicht vorhersagen, wie belastbar und gewissenhaft er auf Dauer ist. Und manchmal lassen sie fünf gerade sein, denn wer will schon eine arme Seele kurz vor Erreichen der gesicherten Beamtenexistenz ins Verderben stürzen!

Jedes mal, wenn Klebricht eine Konferenz ansetzt, jammert eine bestimmte Kollegin: „Das passt mir nicht, da muss ich meine Tochter zur Reitstunde bringen.“ Oder zur Klavierstunde. Oder sie hat einen Friseurtermin. Oder sie hat sonst was vor. Solche Kolleginnen soll es an allen Schulen geben.

Im Fernsehen wollte man zeigen, wie es heute an der Hauptschule zugeht. Zwei Kollegen hatten zugestimmt, sich und ihre Klasse filmen zu lassen. Auf beide hatte ihre Umwelt schon abgefärbt. Der eine ließ sich im sechsten Schuljahr in eine Rangelei mit einem Schüler ein, der im Unterricht mit dem Handy telefonierte. Der Pädagoge streckte die Hand aus. „Nun gib her, Molli!“ Aber Molli wollte nicht. Ergo versuchte der Meister, dem Burschen das Corpus Delicti zu entwinden. Im Nu waren beide von johlenden und Anfeuerungsrufe skandierenden Fans umringt. Das Handy wanderte von Schüler zu Schüler, der Lehrer hechtete hierhin und dorthin, hatte endlich das Glück auf seiner Seite und zog, wenngleich schwitzend und zerzaust, triumphierend mit seiner Beute zum Schreibpult. Man kann sich also auch heutzutage noch durchsetzen.

Ich rief Breitseidel an, sprach mit ihm über die Sendung.

„So wie der Kollege sollte man sich nicht zum Gespött machen“, meinte er.

„Muss denn auch jeder von diesen Halbwüchsigen ein Handy haben?“, fragte ich.

„Eins? Für eins geht doch die Mutter nicht putzen!“, spöttelte Breitseidel. „Die Kids haben schließlich *zwei* Hände. Und das Erstaunliche: Sie kapieren im Nu, wie so ein Gerät funktioniert.“

Aber weiter zu diesem Fernsehreport: Der zweite Lehrer wäre zu solch sportlichen Höchstleistungen wie sein Kollege nicht fähig gewesen. Er saß schwergewichtig auf seinem Pult und las aus einem Buch vor, während die Schüler sich auf ihren Stühlen räkelten und gähnten. Zwei tanzten aus der Reihe und schossen mit der Gummiflitsche Papierschnipsel durch die Klasse, was dem Anliegen der Fernsehleute entgegenkam, „normalen“ Unterricht einzufangen. Der Rezitator blickte nicht einmal von seinem Text auf. Im Hintergrund des Klassenzimmers standen drei Tische, an denen niemand saß. Es schwänzen ja jeden Tag welche die Schule. Möglich auch, dass der Lehrer die größten Rabauken vorsichtshalber beurlaubt hatte. Oben auf den Tischen standen die dazugehörenden Stühle. Wüst sah das aus.

„Muss man sich so der Öffentlichkeit präsentieren?“, fragte ich Breitseidel. „Kein Poster an den Wänden! Kein Blumentopf auf der Fensterbank! Die reinste Lagerhalle! Wie will man in so einer Atmosphäre was lernen?“

„Will doch auch keiner“, antwortete Breitseidel. Mokiert fügte er hinzu: „Blumen auf der Fensterbank? Du kommst vielleicht auf Ideen!“

Wie der Herr, so 's Gescherr. Die Wandtafel erinnert in manchen Klassen an die Nebel von Avalon. Hier und da tauchen aus dem weißlichen Geschmiere geheimnisvolle Schriftzeichen auf, für Fremde unmöglich zu entziffern, aber die Kinder wissen, was sie bedeuten sollen. Links Reste einer mathematischen Gleichung, daneben „Gott, Vater, Sohn und heiliger Geist“, in der Mitte Strichmännchen, daneben die Frage: „Was ist eine Biosphäre?“, darunter „Hurensohn“. Früher soll in der Lehrerausbildung vermittelt worden sein, wie man in vorbildlicher Schrift ein übersichtliches Tafelbild anfertigt. Und wie man die Tafel putzt! Oder putzen lässt.

Meine Güte, Schwerenot! In welcher Welt lebst du? Heute gibt es doch Computer! Der liefert Stundenbilder samt Arbeitsblätter. Die lässt du ausdrucken und kopieren. Schulbücher werden kaum noch gebraucht. Und nur die ganz Rückständigen schreiben noch an die Tafel. Wandtafeln verschwinden sowieso bald. In einer modernen Schule, die über Computer in jeder Klasse verfügt, stellen die Kinder ihre Arbeitsblätter selber her. In der Hausmeisterloge tuckert unaufhörlich der Zentraldrucker. PCs mit Internetanschluss, Drucker, Kopierer und jedes Jahr einen Lkw voll Papier; andere Arbeitsmittel braucht die moderne Schule nicht. Und irgendwann auch keine Lehrer mehr, denn der Fortschritt geht unaufhaltsam weiter.

Noch einmal zu den Strafarbeiten: Sie haben ausgedient. Auch Nachsitzen ist verboten. „Man hat nichts mehr in der Hand“, klagt die gesamte Lehrerschaft, vom popeligen Grundschullehrer bis zum angesehenen und entsprechend dotierten Oberstudienrat. Vorbei die Zeiten, in denen der Haselstock mehr war als nur ein Zeigestock!

„Ihr habt das doch gelernt! Ihr müsst doch damit fertig werden“, entgegnete mir Nachbar Friedhelm, als ich ihm zu erklären versuchte, wie schwierig das Unterrichten bei den vielen verhaltensauffälligen Schülern und dem hohen Ausländeranteil heutzutage ist.

Du kennst die Grundlagen des Leselernprozesses, du hast gelernt, Goethe oder Grass zu interpretieren; du hast Mathematik oder Biologie studiert und, wenn du Glück hattest, sogar gelernt, wie man dieses oder jenes Wissen methodisch umsetzt, aber alles nur in einer homogenen Gruppe von aufgeschlossenen, lernwilligen Schülern. Und dann findest du dich in der Grundschule als Dompteur hyperaktiver Blagen wieder, die sich benehmen wie die Axt im Wald und die Braven hemmungslos unterbuttern. Oder du stehst in der Hauptschule vor rülpsenden und Kaugummi blasenden Pubertierenden unterschiedlicher Herkunft, denen das Desinteresse an jedwedem Unterricht ins Gesicht geschrieben ist. Die sind selbst mit Sport nicht zu packen. Am besten, du stellst Lautsprecherboxen in die Halle und ballerst ihnen Technomusik um die Ohren. Da kommt wenigstens etwas Bewegung in sie und lässt sie mit dem Oberkörper zucken. Aber laut muss es sein, denn viele Teenies sind bereits hörgeschädigt und nehmen normale Lautstärke nicht mehr wahr. Und einigen bietest du tunlichst was Alkoholisches oder was zu kiffen an.

Mälzer zeigte einen Anflug von Optimismus: „Wir haben jetzt eine Sozialpädagogin, die sich um die schwierigen Fälle kümmern soll.“

„Na siehst du, da tut sich doch was.“

Nach einem halben Jahr konstatierte Mälzer: „Flickschusterei! Kannst du alles vergessen.“

„Wieso denn das?“

„Wenn ein Schüler im Unterricht stört, schicken ihn die Kollegen zu der Sozialpädagogin, die führt mit ihm ein therapeutisches Gespräch, wie sie sagt. Manchmal stören Schüler extra, damit sie zu ihr kommen. Ist doch gemütlicher als Unterricht.“

Ich denke, Mälzer übertreibt ein bisschen. Irgendwie muss man sich ja seinen Frust von der Seele reden. Er gehört jedenfalls zu denen, die noch nicht aufgegeben haben.

Wie jener Hauptschullehrer, über den sie lobend in einer Zeitschrift berichteten. Dessen Morgengruß verhallt nicht ungehört und unbeantwortet im Klassenraum, wo sich die Rabauken auf Tischen und Stühlen umherlümmeln. Der versammelt seine Schülerinnen und Schüler morgens im Kreis zu einer Konzentrationsphase, bei der sie sich anfassen, die Augen schließen und still sind. Doch, die machen das mit! Es muss nur jemand da sein, der es ihnen entsprechend vermittelt.

Neu ist das nicht. Früher sprach man zum Unterrichtsbeginn gemeinsam ein Morgengebet: „Führe mich o Herr und leite ...“ oder „Das walte Gott, der helfen kann“ oder „Wie fröhlich bin ich aufgewacht ...“ wobei ich mich oft zu einer Lüge genötigt sah. Und nach der letzten Stunde: „Wir gehen jetzt aus der Schule fort ...“ oder „Unsern Ausgang segne Gott ...“

Ich erinnere mich dabei auch an die Wende vom Strammstehen beim Heil-Hitler-Gruß zum Kopfsenken beim wieder eingeführten Schulgebet nach dem Ende des Dritten Reiches. Da sollten wir aus überheblichen Nazi-Pimpfen zu reumütigen Sündern umerzogen werden.

In der alten Landschule, in der ich während meines Studiums hospitierte, setzte sich der Rektor ans Klavier, die Schüler standen auf, nein, sie erhoben sich, und sangen einen Choral, zweistimmig. Heute, in Multikulti, gäbe das eine Lachnummer. Und vielleicht kriegte der Rektor ein Verfahren an den Hals.

Dieser Hauptschulfreak also spricht jeden Einzelnen an - mit Vornamen, nicht mit verletzenden Spitznamen, wie es manche so gern tun. Er traut sich, einem Heranwachsenden die Hand auf die Schulter zu legen, wenn er ihm Mut machen oder ihn zu einer guten Leistung beglückwünschen will. Er gibt ihm zu verstehen: Du bist einer, der mich was angeht; du bist mehr für mich als ein hoffnungsloser Restschüler.

An seiner Schule findet der Kollege allerdings Unterstützung. Da planen sie gemeinsam Projekte, die sich realisieren lassen und nicht an utopischen Lehrplänen orientiert sind. Zum Beispiel hat der Freak mit seiner Klasse die Toilettenanlage der Schule renoviert, tipp-topp, Fliesen geschrubbt, Türscharniere ausgewechselt, Klodeckel montiert, Wände gestrichen. Was sie dabei gelernt haben? Gemeinsam eine Arbeit zu planen und durchzuführen, die manchen vermutlich zuerst unangenehm war. Ich fand die Aktion prima, auch weil ich denke, dass von denen, die daran beteiligt gewesen sind, in Zukunft keiner mehr über den Rand pinkelt oder auf die Fliesen spuckt. Und sich nicht zu schade ist, eine Ausbildungsstelle in einem Handwerksbetrieb anzunehmen. Es wurde hervorgehoben, besagter Pädagoge mache einen „Fulltimejob“. Er lade sogar seine Schüler schon mal abends ein, zum Grillen oder so. Sehr schön, sehr lobenswert, aber das tun andere auch - und manche aus gutem Grund nie wieder.

Und überhaupt lässt sich das so nicht an jeder Schule machen. Woanders geht man andere Wege, weil das Umfeld und die Schüler anders sind. Nicht die Lehrer tragen die Verantwortung für die „vergessene Generation“ der heutigen Jugendlichen. Die meisten Hauptschullehrer mühen sich selbst da, wo alle Mühen umsonst erscheinen, und immer wieder heben sich Schülerinnen und Schüler aus der Masse, die den Einsatz lohnen.

Die letzten achtzig Meter zur Burg müssen wir zu Fuß schaffen. Thronstein ist eine Wucht: die schroffen Mauern, der trutzige Turm, das mächtige, mit Eisen beschlagene Tor! Wir buckeln unser Gepäck über den steilen Burghof - Natursteinpflaster Marke Rheinisches Schiefergebirge - und dann die Treppe hoch. Ausrufe im Sprechblasenstil: „Ächz!“, „Stöhn!“, „Schwitz!“ Wir erreichen die sogenannte Eingangshalle. Sie ist nicht groß, eher so ein Vorraum. Wenn sie größer wäre, hätten die Ritter im Winter noch mehr gefroren als sie es so schon taten.

„Legt euer Gepäck ab und wartet hier! Frau Jolant übernimmt die Aufsicht. Ich gehe zur Anmeldung.“

Beim Kollegen Heimels hieße das anders. Bei dem gibt es keine Aufforderung ohne ein höfliches „Bitte!“ oder eine entsprechende Formulierung. Der würde sagen: „Legt bitte euer Gepäck ab und wartet hier! Frau Jolant ist so nett und übernimmt die Aufsicht. Ich darf uns schon mal anmelden.“

Wie man sieht, muss man sich bei derartigen Wendungen sprachlich ziemlich verbiegen. Und ob sie was bringen? „Geh bitte zur Tafel!“ „Nehmt bitte eure Hefte raus!“ „Lies bitte vor!“ Gewiss ist es angenehmer, einer Bitte *zu folgen* als einem

Befehl *Folge zu leisten.* Wer allerdings die Höflichkeitsformeln zu sehr strapaziert, macht aus ihnen bald inhaltsleere Floskeln. Wer freilich ausschließlich den nackten Imperativ verwendet – „Raus!“, „Ruhe!“ - , muss sich nicht wundern, wenn er als autoritärer Grobian verschrien ist, dessen Befehlen man nur unwillig nachkommt, dessen Beispiel aber auch Schule macht.

Der richtige Weg – das hast du hoffentlich gelernt, Schwerenot – liegt wie so oft in der Mitte.

Heiliger Nepomuk, es gibt immer noch Lehrer, die jede Stunde dreißigmal „Ruhe!“ schreien. Und es gibt Schüler, die du ansprechen kannst nach allen Regeln der pädagogischen Kunst und die trotzdem tun, was sie wollen.

Die Herbergseltern

Anstelle der in Krankenhäusern, Ämtern und Hotels üblichen Nummern haben die Räume in Jugendherbergen Namen, die ihnen ein besonderes Image verleihen. Auf Thronstein erinnern „Rittersaal“, „Turmzimmer“, „Kemenate“ oder „Spinnstube“ an vergangene Zeiten. Mehrere Zimmer sind nach Persönlichkeiten genannt, die einst hier gewohnt haben: „Rosina von Ettenburg“, „Junker Henricus“, „Droste Johann-Kaspar“ beispielsweise. Das Leben der „alten Rittersleut“ war weniger romantisch, als man sich gemeinhin vorstellt. Keine Zentralheizung. Fließendes Wasser nur aus dem Brunnen. Die Verrichtung der Notdurft auf zugigem Abtritt. Aber sie haben Feste gefeiert, haben gekämpft, geliebt und gelitten. Wie das auch heute die Menschen tun. Ein bisschen anders eben.

Im Neubau, den man in den siebziger Jahren errichtete, haben die Zimmer Namen aus Fauna und Flora oder der Märchenwelt erhalten. Parterre findet man, um einige zu nennen, „Fuchsbau“, „Wolfshöhle“ und „Sieben Zwerge“, im mittleren Geschoss „Gänsestall“, „Aurikel“, „Cinderella“ und oben im neuen Turm „Schwalbennest“ und „Rapunzel“.

Sogar das Büro heißt nicht einfach „Büro“ oder „Verwaltung“. Tina hat gerade ein flinkes Weiblein hineinhuschen sehen und betrachtet sinnend das an der Tür angebrachte Pseudonym „Rittersporn“.

Zeit, uns anzumelden. Ich klopfe an – keine Antwort. Ich öffne die Tür, schiebe meinen Kopf durch den Spalt. Ach ja, die Dame hat viel zu tun, was der Wust an aufgeschichteten Papieren verrät, hinter dem sie beinahe verschwindet.

„Guten Tag Frau Rittersporn!“

Sie lächelt gelangweilt. Nein, eigentlich lächelt sie gar nicht, bei dem Kalauer!

„Mein Name ist Radebusch“, sagt sie kühl. „Mein Mann und ich haben vor einem Jahr ...“

„Die Leitung hier übernommen“, ergänze ich eifrig, „von den Hallmeiers. Ich habe es in der Mittenberger Zeitung gelesen.“

Sie zeigt sich unbeeindruckt.

„Sogar im Fernsehen, im Landesstudio ...“, fahre ich fort, aber sie unterbricht mich:

„Nehmen Sie Platz! Sie sind also Herr Schwerenot mit der Vier.“

„Mit der Vier? Ach ja, mit der Klasse vier, natürlich.“

„Schwerenot, seltsamer Name“, murmelt sie.

Ob sie sich vorstellen kann, wie oft ich mir diese Bemerkung schon habe anhören müssen?

„Und Sie sind die neue Herbergsmutter“, sage ich.

Sie streicht mit der Kuppe des Zeigefingers über die Schreibtischkante.

„Der Begriff ist ziemlich verstaubt“, meint sie.

Ich beeile mich, ihr beizupflichten: „Ja, ja, Sie sind noch so wundervoll jung.“

Sie mustert mich von unten bis oben. „Alter Süßholzraspler!“, denkt sie. Ich sehe es ihr an. Dabei sollte sie sich über mein Kompliment freuen, denn sie ist tatsächlich eine anmutige Person. Anfang dreißig. Glatte aschblonde Haare. Blassblaue Augen. Die Lippen etwas schmal. Und die Nase ziemlich scharf geschnitten. Im ganzen so ein Öko-Typ. „Rittersporn“ passt tatsächlich zu ihr; ich überlege nur, ob mehr in botanischem oder historischem Sinn.

„Ich war schon oft auf Thronstein“, bemerke ich, was sie ebenfalls nicht sonderlich zu interessieren scheint.

„Sie nehmen mit den Jungen Flur drei, im Neubau, Erdgeschoss, Sie kennen sich ja aus. Am Ende das Leiterzimmer: 'Abendfrieden'.“

„Und meine Kollegin?“

„Ich war noch nicht fertig. Die Mädchen mit Frau ...“

„Jolant“, sage ich gehorsam.

„Die Mädchen einen Stock höher, die Turmzimmer 'Schwalbennest', 'Rapunzel', 'Wolkenheim'. Frau Jolant nimmt 'Lucia von Wildermut', direkt daneben im Altbau.“

Sie gibt mir die Schlüssel für die Gruppenleiterzimmer.

„Warten Sie noch einen Augenblick in der Vorhalle! Mein Mann kommt sofort und wird die Kinder begrüßen. Noch Fragen?“

„Welchen Tagesraum?“

„Die 'Gesindestube', gleich um die Ecke.“

„Alles klar.“

„Mittagessen um zwölf. Küchendienst steht angeschlagen.“

„Danke vielmals!“

„Bis später!“

Sie lächelt, ja, tatsächlich. Lächeln ist Balsam für meine Seele. Wenn mich jemand anlächelt, gehe ich auf Wolke sieben.

Der Herbergsvater kommt, Mitte dreißig, kräftig, einsfünfundachtzig groß, mit kurzem, schwarzem Haar und frischer Gesichtsfarbe. Er reicht Frau Jolant und mir die Hand: „Jens Radebusch.“ Dann stellt er sich vor die Kinder und wartet, bis sie still sind. Also nicht: „Alle mal herhören!“ Der Mann ist mir sympathisch. Er braucht nur ein paar Sekunden zu warten und bedankt sich dafür mit knappem Lächeln. Radebusch spricht ruhig und mit fester Stimme. Er wünscht uns schöne Tage auf Thronstein, erklärt, wo Tischtennisraum, Spielfeld, Grillplatz und Getränkeautomaten zu finden sind. Der Kiosk neben dem Büro ist nach den Mahlzeiten eine Stunde geöffnet.

„Herr Schwerenot kennt das ja alles, auch die Minigolfanlage unten im Ort und das Freibad. Aber zum Schwimmen ist das Wasser noch zu kalt.“

„Davon abgesehen ist ein Gang mit einer Klasse ins Freibad so eine Sache“, sage ich.

Radebusch zieht die Augenbrauen hoch, sieht mich vielsagend an und nickt. Dann richtet er sich weiter an die Kinder. Er dämpft seine Stimme und erklärt: „Ein Schlossgespenst gibt es hier zwar nicht, aber hin und wieder steigt abends der Ritter Kunz von Thronstein aus seiner Gruft und spaziert in voller Rüstung auf dem Burghof umher.“

„In äächt?“, rufen Marie und Christoph wie aus einem Mund.

„Wenn ihr wollt, zeigt er euch unten im Turm einen ziemlich schaurigen Ort.“

Die Kinder antworten mit gekünstelten Schreckenslauten und flüstern sich zu, welcher Ort gemeint sein könnte.

„Noch eine Bitte“, fährt Radebusch fort. „Schont die Einrichtungen! Und werft nichts aus dem Fenster! Ihr könnt euch vorstellen, wie mühsam es ist, den Abfall auf dem steilen Hang einzusammeln! Aus gutem Grund lassen sich die Fenster nur kippen. Ein paar funktionieren nicht mehr richtig. Wenn ihr sie gewaltsam öffnet und euch hinauslehnt ... einen Sturz von da oben überlebt kein Mensch.“

Jens Radebusch blickt in die Runde, von einem zum andern. „Das wär's fürs Erste! Viel Spaß beim Bettenbeziehen! Ach so: Wer Bettwäsche braucht, geht gleich mit mir!"

Er wendet sich noch einmal an mich: „Sie waren öfter hier, sagt meine Frau."

„So alle paar Jahre", antworte ich. „Es zog mich immer wieder her."

„Dann könnten Sie bestimmt einiges erzählen!"

Ich zögere, wahrscheinlich will er nur freundlich tun zu einem alten Knaben. „Im Grunde sind es immer die gleichen Geschichten", erwidere ich ausweichend.

Er nickt lächelnd. „Das sagten die Hallmeiers auch. Immer die gleichen Geschichten. Nur die Akteure wechseln."

Ja, Hallmeier, der frühere Herbergsvater, wenn ich mit dem abends im Burghof auf der Bank vor der alten Scheune saß und er anfing zu erzählen ...

Er hatte Thronstein in den fünfziger Jahren übernommen. Wenn damals eine Klasse mit halbwüchsigen Mädchen aus dem Ruhrgebiet in die Herberge kam, sprach sich das bei den Burschen im Dorf im Nu herum. Die hatten noch keine Autos. Nicht mal ein Moped unter dem Hintern. Und kein Handy in der Tasche. Aber wenn in der Herberge Mädchen waren, wussten sie das sofort und machten sich abends auf den Weg zur Burg. Mädchen aufreißen. Solange es hell war, taten sie, als seien sie zufällig vorbeigekommen, lungerten vor dem Tor, und die ganz Mutigen wagten sich sogar auf den Burghof. Aber aufzureißen gab es nichts, wenngleich die Mädels mit verstohlenen Blicken, die alles Mögliche versprachen, das Blut der Burschen in Wallung brachten. „Alles Mögliche“ waren im besten Fall Händchenhalten und im allerbesten ein flüchtiger Kuss in halbdunkler Ecke. „Mehr war nicht drin“, sagte Hallmeier, um nach kurzer Pause hinzuzufügen: „Wenigstens soviel ich weiß.“

Die sich nützlich machten, zum Beispiel Holz für das Lagerfeuer herbeischleppten, ließ Hallmeier gewähren. Manchmal waren welche dabei, die sich als Minnesänger versuchten und dazu auf der Gitarre klimperten. Auch die richteten keinen Flurschaden an, verzogen sich nach zehn und träumten von irgendwelchen Augenaufschlägen. Gelegentlich ging es jedoch heißer zu. Dann war um zehn noch nicht Schluss. Dann gab es im Dunkeln Lichtsignale zwischen den Fenstern oben und dem Burgwall unten. Zettelchen mit Sonderangeboten flatterten herunter und trieben die Burschen zu alpinistischen Höchstleistungen. Sie schleppten Leitern heran, und es ging zu wie bei der Erstürmung einer Burg im Mittelalter.

„Da musste ich mit einem Eimer kaltem Wasser von oben für Abkühlung sorgen“, sagte Hallmeier. Und dann fragte er mich: „Wann warst du zum ersten Mal hier?“

„Als ich noch Schüler war“, antwortete ich. „Von solchen Wasserspielen habe ich aber nichts mitbekommen. Einige Jahre später war ich in den Semesterferien hier, zu einem Laienspiellehrgang mit dem großen Echterheim.“

Hallmeier nickte lebhaft. „Richtig, der mit der roten Perücke. Ein wunderbarer temperamentvoller Mensch. Er hat oft Lehrgänge hier geleitet.“

„Wie der aus dem Stehgreif Spiele entwickelte“, erinnerte ich mich, „das hatte schon Klasse. Im Nu zauberte er bühnenreife Sketche aus dem Ärmel, auch welche mit ernstem Inhalt. Zum Schluss führten wir ein Stück auf. Im Rittersaal.“

„Stimmt“, sagte Hallmeier. „Nun ist der Gute schon lange unter der Erde.“ Er stand auf. „Du bist übrigens der Letzte, der uns zum Abschied immer noch ein Ständchen bringt.“

Ich sah ihn verlegen an.

„*Mich brennt's in meinen Reiseschuh'n* meistens“, sagte ich. „Sollen wir's in Zukunft sein lassen?“

Hallmeier wiegte kaum merklich den Kopf. Er kraulte seinen Schäferhund Arco, der sich zu ihm gesellt und zu seinen Füßen niedergelegt hatte.

„Die *Komödienbande.* Ein schönes Lied. Text von

Eichendorff. *Und keiner kennt den letzten Akt von allen, die da spielen ...*"

Ich nickte und deutete zum Abendhimmel.

„*Nur der da droben* ... Wir sind lediglich die Schauspieler."

„Ziemlich laienhafte", sagte Hallmeier.

Er ging, seine Trompete zu holen. Damit blies er Punkt zweiundzwanzig Uhr vom Alkoven: *Abend wird es wieder.* Oder ein anderes Abendlied. Die Leute im Dorf konnten die Uhr danach stellen. Vierzig Jahre lang.

Wie man sich bettet

„Und jetzt bezieht ihr eure Zimmer!"

„Die Zimmer oder die Betten?", fragt Tina.

Statt ihr zu antworten, schaue ich sie nur an, mit jenem genervten Ausdruck, den sie genau kennt.

Tina: ein bisschen kess, klug, und immer hellwach, wenn es darum geht, mich bei einer Nachlässigkeit zu ertappen und herauszufordern. Sie mag mich gut leiden, da bin ich sicher. Ich mag sie auch. Das weiß sie und nimmt sich deshalb gelegentlich die Freiheit, die Wirkung ihres Charmes auf mich zu erproben. Sie wird meine letzte „Lieblingsschülerin" sein, und, da ich nun einmal darüber reflektiere: Es ist gut, dass ich auch dieser Realität des Lehrerdaseins, „Lieblinge" zu haben, bald nicht mehr unterworfen bin. Wobei die Empfindung von Sympathie und Antipathie keinesfalls nur Lehrerinnen und Lehrer auszeichnet, sondern allen Menschen eigen ist und ihr Zusammenleben bestimmt. So wenig wie in anderen Lebensbereichen wird man diese Empfindungen in der Schule ausschalten können. Im Laufe der Jahre habe ich es jedoch geschafft, sie mir bewusst zu machen und zu hinterfragen. Oftmals hat sich dann, wie in meinem Verhältnis zur Nervensäge Lars, eine anfangs empfundene Abneigung allmählich zur Sympathie gewandelt.

Es soll Zeiten gegeben haben, in denen Lieblinge vornehmlich Bauernkinder waren, die dem Fräulein Lehrerin oder dem Herrn Lehrer ein Stück Wurst vom Schlachtfest mitbrachten oder ab und zu ein Pfündchen Butter, wenn die Mutter frisch gekirnt hatte, oder ein paar Eier von glücklichen Hühnern - es musste ja nicht nur zu Ostern sein. Es gibt auch heute Kolleginnen und Kollegen, die stolz die Geschenke im Lehrerzimmer präsentieren, die sie zum Geburtstag, zu Weihnachten oder zum Schuljahresschluss von den Kids erhalten haben. Sie werten solche Präsente als Anerkennung ihrer Arbeit oder als Zeichen ihrer Beliebtheit. Gönnen wir ihnen den Spaß!

Es ist beinahe beschämend: Mälzer jammert das ganze Jahr über die stupide, lernunwillige Masse, in die er vergeblich Bewegung hineinzubringen sich müht. „Da kommt nichts, gar nichts“, sagt er. Und siehe da: Zum Schuljahrsende oder zum Geburtstag, besonders aber, wenn die „stupide Masse“ den guten Mälzer verlassen muss, kommt doch etwas. Da erhält er die rührendsten Dankesbriefe und stets ein passendes Geschenk – etwa ein Buch, das er beiläufig in der Klasse erwähnte, oder eine Tabakpfeife für seine Sammlung.

Mir wurden dergleichen Aufmerksamkeiten selten zuteil. In meinem Arbeitszimmer steht eine Holzfigur, die einen Hirten darstellt und wohl lange ein Ladenhüter war, ehe sie meinen

Schülern als Geschenk für mich aufgeschwatzt wurde. Und die Mutter einer „armen Socke“, die ich in der Zeugniskonferenz gegen den Protest einiger Kollegen vor dem Sitzenbleiben bewahrte, schenkte mir zu Weihnachten Seife und Deo-Spray, hübsch verpackt. Komme niemand auf die Idee, ich hätte solche Duftveredler nötig gehabt! Die Frau war Untervertreterin einer entsprechenden Firma. Vorteilsnahme im Amt - man muss heutzutage vorsichtig sein. Ich brachte es aber nicht über mich, das gut gemeinte Geschenk der braven Seele zurückzuweisen. Das Deo, zu süßlich und zu intensiv für mich, stand lange ungeöffnet im Pult meines Klassenzimmers. Als bei einem Elternsprechtag die Ausdünstungen einer reichlich korpulenten Mutter nach ihrem Besuch noch im Raum verweilten, fiel mir das Deofläschchen ein, und ich drückte ein paarmal auf den Zerstäuber. Die nächsten Besucher verharrten, unsicher schnuppernd, jeweils eine Schrecksekunde lang in der Tür, ehe sie eintraten. Auch Klebricht, als er wegen irgendeiner Nebensächlichkeit hereinplatzte, verzog die Nase: „Mann, Schwerenot, das riecht ja hier wie im ...“ Ich fragte ihn nicht, woher er wisse, dass es da so riecht. Das Deo aber benutzte ich seitdem als Raumspray zu Hause in der Toilette.

Was jene „arme Socke“ betrifft: Du ärgerst dich Jahre lang mit so einem Kerlchen herum. Das ruiniert deine Nerven, beschert dir schlaflose Nächte, blockt sich riesengroß in Albträumen vor dir auf, macht dich zum Flattermann und reif für den Psychiater. Aus dem wird nie etwas, denkst du. Und Jahre später klopft dir in einer Autowerkstatt oder in der Pause einer Ratssitzung jemand auf die Schulter. „Hallo, Herr Schwerenot! Schön, Sie wiederzusehen! Wie geht's denn so?“ Und da staunst du, was für ein brauchbarer Mensch aus dem geworden ist. Und er hat dich nicht mal in schlechter Erinnerung! Die „arme Socke“ ist heute Fußballprofi, spielt in der 2. Bundesliga und verdient mehr Geld als ich. Es sei ihr gegönnt.

Ich möchte in diesem Zusammenhang „Sonnyboy“ erwähnen, den seine ehrgeizige Mutter gegen meine Empfehlung zum Gymnasium schickte. „Schade um das nette Bürschchen!“, dachte ich. „Nun wird ihm bald das Lachen vergehen.“ Die Kollegen Studienräte zeigten auf den Erprobungsstufenkonferenzen folgerichtig fleißig mit dem Daumen nach unten. „Total überfordert. Er hat keine Chance“, bedeuteten sie mir. Wenn ein Fußballverein im Pokal auf einen übermächtigen Gegner trifft, pflegt der Trainer zu kommentieren: „Wir haben keine Chance, aber die wollen wir nutzen.“ „Sonnyboy“ schaffte - Ehrenrunde inbegriffen - das Abitur. Und ist heute Bürgermeister einer größeren Kommune im Süddeutschen. Alle Achtung!

Es gibt tausend solcher Geschichten. Die schönste erzählte Heinz Koppmann, Rektor einer benachbarten Grundschule: Vier Jahre lang hatte er sich mit einem Früchtchen namens Bastian Weinlich herumgeärgert, einem hoffnungslosen Fall. Der Typ kannte keine Regeln, weder in der Rechtschreibung noch im Benehmen; kriegte soeben mit Mühe und Not das kleine Einmaleins auf die Reihe. „Jeden Tag Kampf und Krampf“, sagte Koppmann. „Da half kein Zureden und kein Nachsitzen. War ich froh, als ich den endlich los wurde! Zum Scheitern verdammt, dachte ich. Seine Eltern zogen dann weg von hier, und ich hörte nichts mehr von ihm. Aber als ich vor fünf Jahren in Frankfurt in der Klinik lag, wo ich an der Wirbelsäule operiert werden sollte, kam ein junger Arzt zu mir, ein sympathischer stattlicher Bursche. 'Guten Tag, Herr Koppmann! Ich bin Ihr Anästhesist.' Er strahlte mich an. 'Kennen Sie mich denn nicht? Bastian Weinlich?' Um ein Haar hätte ich keine Narkose mehr gebraucht, riss mich aber zusammen. 'Ich hoffe, Sie tragen mir nichts nach!', sagte ich nur.“

Es gibt auch Beispiele gegenteiliger Art. Viele Schüler wurden von Lehrern mit Vorschusslorbeeren und hohen Erwartungen in die Welt geschickt und versagten jämmerlich. Die Schule ist eben nicht der Weisheit letzter Schluss.

„Was sich bei uns in der Hauptschule alles ansammelt!“,

klagt Freund Mälzer. „Die Zahl derer, die ihre Zeit nur noch absitzen, steigt kontinuierlich. Bei denen ist alle Mühe umsonst.“

Ihnen gegenüber stehen einige Hochbegabte, denen die Schule nach Meinung ihrer Eltern ebenfalls nicht helfen kann und die schon in der Grundschule zu wenig gefördert werden. In diesem Sinne äußerte sich auch die Mutter eines quirligen Bürschleins, das ich kürzlich an der Ladentheke einer Bäckerei in Mittenberg bewundern durfte. Sie hatte ihren Sohnemann aus der Musikschule abgeholt und schleppte neben dem Einkaufskorb einen überdimensionalen Geigenkasten. Der Knabe war trotz Schule am Morgen und Musikstunde am Nachmittag noch voller Tatendrang. Um seine Aufmerksamkeit in unverfängliche Bahnen zu lenken, hatte ihm die Verkäuferin ein Sahneteilchen zugesteckt. Damit betatschte er nun zu ihrem Entsetzen ungehemmt die Front der Glasvitrinen, während sich seine junge Mama über die Unfähigkeit der Lehrer ausließ: „Wenn man nicht selber etwas tut, bleiben die Kinder auf der Strecke.“ Ihr Wunderkind zog sich darauf samt Sahneteilchen an der Stirnwand der Theke hoch und robbte über die gläserne Abdeckung. Die Verkäuferin warf mir einen Hilfe suchenden Blick zu, aber ich hütete mich, etwas zu sagen. Macht ein Lehrer in der Öffentlichkeit den Mund auf, ist er schon erkannt und spart sich besser den Rest der Rede. Als jedoch der Knabe, nunmehr quer auf der Glasplatte liegend, hinunter nach den Kuchen in der Auslage hangelte, brach es besorgt aus mir hervor: „Junge pass auf, du fällst!“ Worauf mich seine Mutter strafend ansah und zurechtwies: „Da brauchen Sie keine Angst zu haben! Tassilo ist Kunstturner!“ „Ah!“, sagte ich beeindruckt und schwieg. Man wird gespannt sein dürfen, ob Tassilo als geigender Kunstturner oder kunstturnender Geiger Karriere macht.

In den letzten Herbstferien fuhr ich nach Köln, um Monique zum Geburtstag zu gratulieren und ihr den obligatorischen Hunderter zu übergeben. Seit auf dem „Euro“ draufsteht, darf ich sogar zu einer Tasse Kaffee mit in ihre Wohnung. Diesmal überraschte sie mich außerdem mit der Ankündigung, mir zu Weihnachten ein Paar Socken stricken zu wollen. „Stimmt was nicht mit dir?“, fragte ich besorgt, aber sie antwortete: „Ich bin ganz in Ordnung.“

Nach meinem Besuch kämpfte ich mich mühsam durch das Menschengetümmel in der Hohen Straße Richtung Bahnhof. Aus den vielfältigen diffusen Geräuschen hob sich hinter mir ein schrilles Pfeifen hervor, das in kurzen Abständen erklang und näher kam. Endlich verstummte es, und als ich schon dachte, es sei in einer Seitenstraße entschwunden, erscholl ein Pfiff, der mir durch Mark und Bein ging, unmittelbar in meinem Rücken. Wie ich mich erschrocken umdrehe, huscht lächelnd ein zottelhaariges Weibsbild an mir vorbei, an der Hand ein Bürschlein von acht oder neun Jahren mit keckem Gesicht und einer Trillerpfeife im Mund. Ehe ich oder einer der verdutzt dreinschauenden Passanten ein Wort der Entrüstung hervorbrachte, waren Mutter und Kind schon weit voraus, mit der Trillerpfeife alles beiseite scheuchend, was ihnen den Weg versperrte. Ein eindrucksvolles Beispiel von Erziehung zur Lebenstüchtigkeit, dachte ich. Die beiden würden, im Gegensatz zu mir, ihren Zug jedenfalls erreichen.

Wie die Alten sungen, so zwitschern die Jungen. Wenn man sieht, wie sich manche Eltern benehmen, wundert einen das Verhalten ihrer Kinder nicht. Nach der letzten Einschulungsfeier klagte Kollegin Lampert: „Wir sollten uns die Mühe sparen. Viele Eltern hören gar nicht zu, die quatschen lautstark dazwischen, und manchmal klingelt sogar das Handy und sie fangen an zu telefonieren."

„Was für begabte Kinder wir doch in Eichhausen haben!", ereiferte sich Lieselotte vorigen Montag, als wir unsere Klassen nach der großen Pause draußen abholten. Sie hatte Aufsicht gehabt. Zwei i-Männchen, Mona und Benni, waren zu ihr gekommen, hatten sie angestrahlt und gefragt: „Kannst du 'fick dich' in zehn Sprachen sagen?"

Montags in der Schule sind viele Kinder wochenend- oder elternhausgeschädigt, aber gelegentlich bringen sie belebende

Innovationen mit. Innovationen – ein tolles Wort!

Wie man weiß, sind Begabungen nicht gleichmäßig verteilt. Beim Bettenbeziehen gibt es Kinder, die schlüpfen in den Bezug und bemühen sich vergeblich, das Inlett hereinzuziehen. Andere sind nach drei Minuten fertig und haben sogar ihren Schrank ordentlich eingeräumt. Bei jeder Fahrt ist mindestens einer dabei, der öffnet den erst gar nicht und schmeißt seine Klamotten davor, in irgendeine Ecke oder auf das Bett. Ich mache dem Pappenheimer Beine. Und Arme. Ordnung muss sein. Überall. *Was Hänschen nicht lernt, lernt Hans nimmermehr.* Manche, so scheint es, sind bereits mit sechs oder mit sieben ein Hans.

Unverzichtbarer Reisegefährte ist für viele Kinder – nicht nur im Grundschulalter - ihr Kuscheltier. Es mag klein sein wie eine Maus oder groß wie ein Bernhardiner, einer Kreatur nachgebildet oder der Fantasie eines verrückten Designers entsprungen: Hauptsache, es lässt sich kuscheln. Ich überlege, ob das Bedürfnis, sich an irgendwen oder irgendetwas anzuschmiegen, seine Ursache in der Seelenlosigkeit unserer rationalisierten und technisierten Welt hat oder ob es immer schon da war. Es war immer schon da, denke ich, aber heute macht man ein Geschäft damit. Dagegen ist nichts einzuwenden.

In meinem Zimmer „Abendfrieden“ habe ich ein doppelstöckiges Bett für mich allein. Natürlich wähle ich das untere. Gegenüber stehen ein Tisch, zwei Stühle und ein Kleiderschrank. Die Toilette ist relativ geräumig und picobello sauber. Draußen vor dem Fenster wächst ein prächtiger Spitzahorn. Durch die Zweige leuchten die weißen Wände der Fachwerkhäuser des Dorfes herauf. Vom Hügel gegenüber protzt auf quaderförmigem Sockel ein steinerner Löwe, das Wappentier der früheren Adeligen von Thronstein. Dahinter erhebt sich die „Hohe Wacht“ mit dem Aussichtsturm. Wie oft bin ich da hinaufgewandert! Diesmal, auf meiner letzten Klassenfahrt, werde ich es bleiben lassen – wegen meines rechten Kniegelenkes, das vor fünf Jahren durch eine Prothese ersetzt worden ist, mir aber trotzdem Beschwerden macht.

Guten Appetit

Nach dem Einrichten im Zimmer treffen wir uns in der „Gesindestube“. Um zwölf Uhr tragen die Kinder, die zum Küchendienst eingeteilt worden sind, das Essen auf: Kartoffelpüree, Frikadellen und Soße, als Nachtisch einen Becher Joghurt. Sie haben auch schon herausgekriegt, was es am zweiten Tag gibt: Hühnerfrikassee mit Reis und Salat, als Nachtisch Pudding. Das sind zwar keine Schlemmermenüs, aber das Essen schmeckt und man kann nachfassen.

Das war nicht immer so. In der Nachkriegszeit, als der Herbergsbetrieb langsam wieder anlief, steckte man vorsichtshalber ein paar Butterbrote und etwas Obst ins Reisegepäck, denn ob man in der Jugendherberge satt wurde, hing vom Organisationstalent und vom Bemühen der Herbergseltern ab.

Lissy erzählte von der Klassenfahrt zu einer heruntergekommenen Unterkunft, die von einem ebenso heruntergekommenen Herbergsvater geleitet wurde. Da waren sie als Dreizehnjährige nach einer rekordverdächtigen Tagestour und kargem Abendessen in einen nahegelegenen Garten geschlichen und hatten beim Mondschein Kohlrüben geklaut, um ihren Hunger zu stillen. Die Sache kam raus, denn der Garten gehörte dem Herbergsvater. Bei dem mussten sie auf Befehl ihres Lehrers zur Entschuldigung antreten. Und am folgenden Mittag gab es Kohlsuppe – ohne Kohl. Natürlich auch ohne Fleisch. Das fehlte sowieso auf der Speisekarte.

Bei einem anderen Klassenausflug hatte Lissy als einzige nicht mal zwanzig Pfennig für ein Eis gehabt. Als sie das zu Hause beklagte, gab ihr die Mutter eine Ohrfeige und schimpfte, sie solle sich schämen, so was zu sagen, und froh sein, als Mädchen die Realschule besuchen zu dürfen.

Zu hungern braucht man heute nicht mehr, weder in Jugendherbergen und Schullandheimen noch in den luxuriöser eingerichteten Jugendgästehäusern oder Jugendhotels. Die Menüs zu Mittag sind reichhaltig. Eis als Nachtisch gehört zum Standard. Abends gibt es Brot, Wurst und Käse satt, manchmal sogar Bratkartoffeln mit Geschnetzeltem. Als Getränk wird Tee serviert, Erwachsene erhalten auf Wunsch auch Bier. Verschiedene Sorten Brot und Brötchen zum Frühstück sind selbstverständlich wie diverse Aufstriche und Beilagen. Die Kinder trinken Tee oder Kakao; die Lehrer bekommen eine große Kanne Kaffee, falls sie nicht ebenfalls Tee wollen. Ich erinnere mich noch an den Muckefuck, den wir bei den Echterheim-Lehrgängen auf Thronstein serviert bekamen. „Heißa Kathreinerle“ nannten wir den und ließen ihn uns schmecken, denn wir waren noch nicht coffeinsüchtig.

Aber wir sind ja bei Tisch. Also hauen wir rein! Nein, halt! So geht es natürlich nicht. Erst warten, bis alle sitzen! Still werden! Früher ließ ich an dieser Stelle ein Tischgebet aufsagen, sprach wohl, beispielgebend, das erste. Das ist heute unmöglich, weil nicht alle den Herrn Jesus - er möge mir verzeihen! - „zu Gast" haben wollen. Und weil nicht ausgemacht ist, ob der Gott, zu dem die einen beten, auch der Gott der anderen ist.

Von den Gebetsreimen, die wir früher nachplappern mussten, dürften einige dem lieben Gott bestimmt ein Kopfschütteln abgenötigt haben, zum Beispiel diese: „Wer nicht arbeitet, soll auch nicht essen; lass uns, Herr, das nie vergessen! Lass uns alle, groß und klein, immer froh zu Werke sein!"

Ich habe einige Liedchen in petto, darunter Kanons, die uns auf das Essen einzustimmen vermögen. Zwei, drei kenne ich aus meiner eigenen Schulzeit oder aus den Echterheim-Kursen, andere lernte ich auf pädagogischen Tagungen der Lehrer kennen. Da murmelte zwar mitunter einer: „Es tagt und tagt und wird nicht heller", aber es umwehte uns so etwas wie ein gemeinsamer Geist, zog in uns ein und ließ sich mitnehmen in die tägliche Praxis, wo er nachzuwirken sich mühte - bis zur Auffrischung auf der nächsten Tagung.

Die Liedchen samt den Kanons, die oft so lange dauerten, bis das Essen kalt war, sind aus der Mode gekommen. Man singt heute sowieso nicht mehr; man lässt singen oder hopst zum

Playback. Ob auf großer Fahrt, ob auf schulischen Feiern oder ... nein, vor dem Essen in der Herberge zum Glück noch nicht. Und bei mir, versteht sich, sowieso nur in Ausnahmefällen. Ein Dank an Lieselotte, die in meiner Klasse Musik gibt und bestrebt ist, den Kindern die Lust am Singen zu erhalten. Ich lasse mir vortragen, was sie bei ihr gelernt haben, bin schnell in der Lage, sie mit meiner Mundharmonika, dem „Schnutenklavier“, zu begleiten und erweitere so zugleich mein Repertoire.

Manchmal habe ich mir einen Vers einfallen lassen:

Sehet, wie das Essen dampft, doch bevor ein jeder mampft,
wünschen wir, sprecht alle mit, einen guten Appetit.

Oder:

Eine dünne Barbiepuppe, die mag keine Erbsensuppe;
wenn die mit auf Thronstein wär, kratzte sie die Teller
leer. – Guten Appetit!

Oder:

Tiere fressen ohne Gabel, haben Schnauze oder Schnabel;
Menschen brauchen ein Gedeck, und sie essen mit Besteck.
Kann einer damit hantieren, sagt man: Der hat
Tischmanieren. – Guten Appetit!

Na schön, das Reimebiegen ist nicht jedermanns Sache, aber ein kurzes Innehalten und Abwarten bis zum „Guten Appetit“, wer immer das sagt, sollte doch möglich sein.

Vera konzentriert unsere Aufmerksamkeit auf andere Weise: „Herr Schwerenot, was kostet ein Löffel?“, ruft sie.

„Warum ... keine Ahnung, vielleicht zwei Euro ... warum willst du das wissen?“

„Weil der Hubi einen Löffel zerbrochen hat.“

Gespannte Stille. Petzen ist bei uns verpönt; das weiß Vera. Sie will auch gar nicht petzen, sondern fragt im Auftrag von Hubi, der feixend den zerbrochenen Löffel hoch hält. „Zwei Euro habe ich noch“, sagt er schnell, um mir den Wind aus den Segeln zu nehmen.

„Wie in aller Welt hast du das denn fertiggebracht?“

Hubi strahlt mich an. „Sie haben uns doch neulich von Uri Geller erzählt!“

In meinen ersten Lehrerjahren hätte ich Hubi gefragt: „Wie hast du das denn *wieder* fertiggebracht?“, denn er fällt öfter durch Experimente auf, bei denen was kaputt geht. Doch dieses deprimierende „wieder“ habe ich mir abgewöhnt. „Hast du *wieder* keine Hausaufgaben?“ Heute sage ich: „Schade, du hattest das Heft so prima angefangen!“ „Schon *wieder* so ein Geschmiere?“ Heute sage ich: „Das kannst du doch viel schöner!“

Endlich beginnt das Schüsseltreiben. Als ich zum ersten Mal mit einer Grundschulklasse auf Thronstein war, wurden während des Mittagessens alle paar Minuten Kinder durch den Lautsprecher ans Telefon gerufen. Unbedarft und gründlich wie ich damals war, hatte ich den Eltern neben der Telefonnummer der Burg noch die Essenszeiten mitgeteilt. Seitdem fügte ich die Bitte hinzu, nur in dringenden Fällen anzurufen, und wies auf den Münzer hin, von dem aus die Kinder nach Hause telefonieren könnten. Seit Eintritt in das Handyzeitalter erübrigt sich dieser Hinweis.

Das gemeinsame Essen fördert den Appetit. Nur Patrick und Lena starren auf das Essen, als würden ihnen Knollenblätterpilze serviert oder als krabbele ein Mistkäfer im Kartoffelbrei. Solche wie sie gibt es immer wieder. Sie werden blass, fangen an zu würgen und stöhnen: „Ich habe keinen Hunger. Mir ist so schlecht." Man bräuchte nur in ihrem Zimmer die Berge von leeren Chipstüten anzusehen, um zu wissen, warum ihnen schlecht ist.

Da sind mir die Kameraden lieber, die, wenn man sie ließe, auf ihre Teller häufen, als gäbe es die nächsten drei Wochen nichts zu essen. Die bremse ich aufgrund meiner Erfahrungen rechtzeitig, sonst stöhnen auch die und hängen mit offenem Mund über der Tischplatte. „Es ist genug da", mahne ich. „Überlegt vorher, wieviel ihr esst!" Den Hinweis auf die schlechten Zeiten, in denen wir die Platte putzten bis auf den letzten Krümel, verkneife ich mir. Ebenso unterlasse ich den

Fingerzeig auf die hungernden Kinder anderswo. Verhalten auf dem Umweg über ein schlechtes Gewissen zu beeinflussen, versuchen in unserer Gesellschaft schon andere zur Genüge. Da sage ich lieber: „Ich mag nicht, wenn einer den vollen Teller zurückgibt.“ Könnte sein, „einer“ denkt darüber nach, warum ich das nicht mag.

Einmal in meiner bewegten Laufbahn war ich selber schuld daran, dass den Mädchen und Jungen das Essen im Halse stecken blieb. Auf einer Tageswanderung kochte ich nach Lissys Angaben eine kräftige Linsensuppe mit reichlich Wursteinlagen. Die Burschen hatten tüchtig Holz aus dem Wald herbeigeschleppt und ein prasselndes Feuer unter dem Kessel entfacht. Zwei Stunden später standen sie mit hungrigem Magen Schlange, um ihren Teller Eintopf abzuholen. Allerdings witterten sie bald argwöhnisch Richtung Kessel, denn aus dem stieg ein rauchig brenzliger Geruch auf, der mit dem verlockenden Duft einer Linsensuppe, für die Esau bekanntlich sein Erstgeburtsrecht gab, nur wenig gemein hatte. Die Wurst war genießbar, die Suppe aber so was von angebrannt, dass schon bald, obwohl man zuerst tapfer schluckte und „hm“ machte, ein allgemeines Husten und Spucken begann. Das Teller-leer-machen-Müssen wäre in diesem Fall eine Zumutung gewesen. Sie wurden trotzdem leer, gegen Hausaufgabenerlass für eine Woche. Da wollten einige sogar Nachschlag.

Verglichen mit dem, was einem angesehenen Studienrat aus Mittenberg und seiner Klasse in Südfrankreich widerfuhr, ist meine angebrannte Linsensuppe freilich ein harmloses Missgeschick. Der lag samt seinen anvertrauten Jugendlichen einige Tage mit einer Lebensmittelvergiftung darnieder.

Ich muss hier noch Christian mit seiner Hamstersucht unterbringen, dessen Rucksack nach einem Jugendherbergsaufenthalt vollgestopft war mit Brötchen, Milch- und Marmeladentübchen. Es soll ja auch Erwachsene geben, die beim Frühstücksbüfett im Hotel ihre Verpflegung für den ganzen Tag organisieren. Christian lebte mit seiner Mutter und zwei Geschwistern an der Armutsgrenze. Gönnen wir ihm, was die anderen übrig ließen!

Selbstverständlich heben wir die Tafel gemeinsam auf. Wie erbaulich unsere Sprache ist: die Tafel aufheben! Ich muss mal nachlesen, woher das kommt!

Die Umgebung erkunden

Die neue Umgebung zu erkunden, bedarf keiner Motivation. Einige haben bereits vor dem Mittagessen damit angefangen und drängen auf Fortsetzung.

Motivieren ist, nebenbei gesagt, ein permanent geübter Zaubertrick im Unterricht. Weil sich dort ein „Lerngegenstand“ nur selten in seiner Ursprünglichkeit präsentiert und die Wissbegier der Schüler weckt, müssen ihn die Pädagogen auf andere Weise interessant machen. Beliebt ist der Einstieg nach dem Sankt-Nikolaus-Prinzip: „Ich habe euch etwas mitgebracht.“ Gern wird dabei das Mitgebrachte verhüllt dargeboten und soll erraten werden. Das kann auf ziemliche Abwege führen.

Manchmal erweist sich ein Trick als fauler Zauber; wie in jener Anekdote, in der ein Lehrer zu Beginn seiner Unterrichtsstunde vor dem revisionierenden Schulrat einen Teller auf dem Boden zerschellen lässt. Die Spontanäußerung eines Schülers darauf: „Das ist die Einführung in die Bruchrechnung.“

Das Innere der Burg sehen wir uns gemeinsam an. Wo fremde Klassen untergebracht sind, haben wir nichts verloren, aber natürlich wollen meine Burschen die Turmzimmer ihrer Klassenkameradinnen sehen und bei einem Blick durchs Fenster in die Tiefe das Schaudern lernen. Besser jetzt als später, damit das Thema erledigt ist. Anschließend geht es wieder hinunter und durch die Eingangshalle in den Rittersaal. „O, der hat ja eine Bühne! Haben die Ritter da etwa Theater gespielt?“

Ein großer Raum im unteren Stockwerk bietet Gelegenheit zum Kickern, Tischtennis oder Billard spielen. Da kann ich meine Lieben unbesorgt hinschicken. Da ist noch nie etwas passiert. Denke ich. Es geht auch diesmal gut, wenn man darüber hinwegsieht, dass der liebe Florian am Abend den Billardstock auf dem Tisch in zwei Stücke zerschlägt. Für solchen Aggressionsabbau hat man heute Verständnis, allerdings muss Flori zehn Euro für einen neuen Stock berappen. Seine allein erziehende Mutter wird sich freuen.

Auf Thronstein hält man einen Fragebogen bereit, mit dessen Hilfe man die Umgebung erkunden kann: Wann wurde die Burg erbaut? Wie viele Treppenstufen führen hinab zur Hauptstraße? Wie viele Fahnenmasten stehen am Feuerwehrhaus? An welcher Straße liegt das Freibad?

Insgesamt sind es zwanzig Fragen. Für richtige Antworten gibt es Punkte. Wer die höchste Punktzahl erreicht, ist Sieger.

Wie bei den Bundesjugendspielen. Bei denen gehörte ich ständig zu den Verlierern. „Ohne Fleiß kein Preis!“, hieß es.

Ich kriegte mit dem größten Fleiß keinen und musste dazu noch denen applaudieren, die ohne Anstrengung Sieger wurden. In Erinnerung dessen bin ich bestrebt, bei Wettbewerben den Sieger nicht abheben zu lassen und auch die Leistung des Verlierers, oder wenigstens seine Anstrengungsbereitschaft, anzuerkennen. Aber warum halte ich mich mit Selbstverständlichkeiten auf!

Bei besagtem Ortserkundungsspiel macht mir die Aufsichtspflicht zu schaffen. Zwar sind zur Lösung der Aufgaben keine gefährlichen Wege notwendig, aber ich habe gelernt, doppelt vorsichtig zu sein. Da mich außerdem mein lädiertes Knie plagt und ich mit Verdruss an die vielen Treppenstufen denke, möchte ich die Fragebogen am liebsten in der Schublade lassen. Heike Jolant jedoch brennt darauf, das Spiel durchzuführen, und ich scheue mich, sie mit meinen geistigen und körperlichen Abnutzungserscheinungen zu konfrontieren. Zumal letzte Woche wieder zu lesen war, Deutschlands Lehrer seien zu alt. Als wenn Erfahrung nichts zählte!

Also machen wir uns auf den Weg. Ich schicke die Lehramtsanwärterin nach vorn, in Zweierreihen folgen die Kinder, und ich kontrolliere das Feld von hinten. Immer wieder gibt es Blagen, die ihrem Vordermann auf die Absätze treten oder sich durch andere Unarten hervortun.

Eine der weit verbreiteten ist das Spucken. Früher habe ich „Rotzer“ einer vorpubertären Entwicklungsphase zugeordnet.

Seit sie im Fernsehen soviel Fußball zeigen, weiß ich es besser: Die Phase dauert erheblich länger. Beinahe jeder Spielausschnitt aus der Bundesliga dokumentiert - oft in Zeitlupe - fliegende Spucke von Kevin, Claudio und Co. Bei Vertretern anderer Sportarten scheint das Spuckbedürfnis weniger ausgeprägt zu sein. Boris Becker zum Beispiel konnte sich vieles erlauben; auf den Boden seines „Wohnzimmers“ in Wimbledon zu spucken wäre ihm wohl nie eingefallen.

Die schamlose Spuckerei muss ein Zeichen unserer Zeit sein. Wenn ich an die mit Kaugummi bepflasterten und mit Zigarettenkippen übersäten Fußgängerzonen von Mittenberg bis Berlin denke, frage ich mich, ob Sauberkeit tatsächlich zu den gerühmten deutschen Tugenden gehört. Rücksichtnahme und Zuvorkommenheit zählten offenbar nie dazu. Deshalb braucht man sich nicht zu wundern, wenn wandernde Klassen, dem Herdentrieb folgend, alles beiseite schieben, was ihnen im Weg ist.

Heike Jolant hat das Problem im Blick. „Der Bürgersteig gehört uns nicht allein. Seid höflich, wenn jemand entgegenkommt! Hebe ich den Arm hoch, bleibt ihr stehen und wartet, was ich zu sagen habe! Verlasst euch aber nicht nur auf mich, passt selber auf!“

Respekt! Die ist zu gebrauchen. Und was sie sagt, wird gemacht.

Im Ortszentrum gehen die Kinder in Zweiergruppen mit dem Fragebogen los. Wer sich aus unserem Blickfeld entfernen will, muss die Erlaubnis dazu einholen. Die Hauptstraße darf nur an der Ampel überquert werden. Dort postiert sich, gut sichtbar, Heike Jolant. Ich setze mich auf eine Bank am Rand des Zentrums, wo ich die Gemeindeverwaltung und einige Geschäfte im Blick habe.

Neben mir führt eine schmale Straße zu einem höhergelegenen Firmengelände. Eine Schranke versperrt die Zufahrt. Sie erinnert mich an die Begegnung der Kollegin Bausch mit einer solchen Vorrichtung. Frau Bausch gehört zu jener aussterbenden Spezies von Lehrerinnen und Lehrern, die der Meinung sind, Kinder sollten zunächst die heimische Umgebung erkunden, ehe sie mit Bussen in die Ferne zu irgendwelchen Erlebnisparks kutschiert werden. Als sie vor etlichen Jahren mit ihrem dritten Schuljahr durch den Wald wanderte, versperrte ihnen, zur Wahrung irgendeiner Grenze, ein eiserner Schlagbaum den Weg. Der Sperrbolzen war nicht mit einem Schloss gesichert, was einige Voraneilende sogleich dazu verführte, die Hebelgesetze zu erproben und ihre Wirkung zu erkunden. Also hoch mit dem Baum! Sie schafften nur einen Meter, dann knallte er wieder herunter! Genau auf den Kopf des kleinen Sven, der in diesem Augenblick die Grenze überquerte - auch die vom

Bewusstsein zur Besinnungslosigkeit. Mit einer Gehirnerschütterung, wie die Untersuchung im Krankenhaus ergab. Dort konnte er schon nach einer halben Stunde ärztlich versorgt werden, weil die Mutter eines Kindes, die Frau Bausch begleitete, mit einem Handy den Notarztwagen zum Unglücksort im Wald dirigierte.

Frau Bausch hat seitdem selber ein Handy, und Sven weiß, warum ein Schlagbaum „Schlagbaum" heißt. Man kann bei Kindern nie genug aufpassen. Davon können alle Lehrerinnen und Lehrer ein Lied singen.

Noch vor zwanzig Jahren sagte man übrigens nur „Lehrer", meinte damit Männlein und Weiblein, und niemand von den Damen fühlte sich übergangen. Heute verbiegt man sich in diesen emanzipatorischen Floskeln, die dann wieder, weil sie einen Text in überflüssiger Weise verlängern, zu Konstruktionen wie „LehrerInnen" zusammengezogen werden. Bürgerinnen und Bürger zu „BürgerInnen", Sportlerinnen und Sportler zu „SportlerInnen". In mündlicher Rede sind diese Gebilde eh nicht zu gebrauchen. Das so nebenbei.

Mit meinem neunten Schuljahr war ich freitags zu einem mehrtägigen Aufenthalt in eine Jugendherberge an der Lahn eingerückt. Damals plante ich noch Wochenenden oder Feiertage in die Wanderfahrten ein. Die Zeiten sind lange vorbei.

Begebenheiten wie die folgende haben meine Sinneswandlung aber nur in geringem Maße beeinflusst.

Beim gemeinsamen „Erkunden der Umgebung“ stolperte mein Spezi Jürgen, der sich in gebückter Haltung einer Eidechse näherte. Sein Knie traf den Fotoapparat, den er umhängen hatte; der schoss in die Höhe und schlug Jürgen treffsicher einen Schneidezahn ab. Das fing ja gut an! Während wir zur Herberge eilten, überlegte ich, was ich in die Unfallmeldung schreiben und was ich den Eltern des Jungen sagen sollte. Bei manchem Sprössling sind die Eltern ja erleichtert, wenn nichts Schlimmeres passiert.

Unseren Freund Jürgen mussten wir zunächst mit dem Taxi zum Zahnarzt in die fünf Kilometer entfernte Stadt fahren. Über die zusätzliche Kundschaft kurz vor Praxisschluss zeigte sich der ausgewählte Dr. med. dent. zwar nicht sonderlich entzückt, installierte aber in Jürgens Zahnlücke trotzdem ein sogenanntes Provisorium, das lediglich etwas heller als der verloren gegangene Zahn war. Mir händigte er ein Schreiben aus, das ich dem weiterbehandelnden Zahnarzt übergeben sollte.

In der Herberge wurde Jürgen gehörig bestaunt. Immer wieder musste er den Mund öffnen, besonders für die Mädchen. Sie betitelten Jürgen mit „steiler Zahn“, obwohl dieses Attribut eigentlich Vertreterinnen ihres eigenen Geschlechts vorbehalten ist.

Vielleicht hatte es mit der plötzlichen Star-Rolle des Jungen zu tun, dass es zwischen ihm und seinem Freund Rainer am Sonntagmorgen unter der Dusche zu einer handgreiflichen Auseinandersetzung kam, in deren Verlauf Rainer dem Jürgen sein neues Statussymbol „aus der Fresse kloppte“, wie er mir hinterher gestand. Die schnelle Aufklärung des Falles bewahrte mich nicht davor, Jürgen erneut besagtem Dr. med. dent. zuführen zu müssen. „Ja, ja, die Lehrer“, so begann der in seiner Feiertagsruhe Gestörte, verzichtete aber, als er mich von der Seite betrachtete, auf weitere Bemerkungen und schüttelte nur mitleidig den Kopf.

Älteren Schülern erlaubte ich manchmal, die Umgebung ohne mich zu erkunden; nur in Gruppen selbstverständlich und in einem begrenzten Gebiet, über das ich mich vorher informiert hatte.

Bei der Erkundung des Terrains um den legendären „Adlerhorst“, einem Jugendhaus in der Nähe von Füssen, trieb mir der sechzehnjährige Peter den Angstschweiß auf die Stirn. Er hatte sich von der Gruppe abgesetzt und kehrte nicht mit ihr zurück. Nun, er würde bald nachkommen, hoffte ich. Peter war ja ein bisschen sonderlich, positiv ausgedrückt: ein Individualist. Wir trafen uns zum Abendessen. Peters Platz blieb leer. Als es dunkel wurde, stiegen in meine Vorstellung dramatische Bilder vom Einsatz der Bergwacht. Ich konnte meine Besorgnis nur mühsam verbergen und schickte ein Stoßgebet nach dem anderen zum Himmel. Endlich kam Peter. Stolz wie ein Schneekönig. Mit einem Schneeball als Insignie in der Hand. Dabei war Frühling und der letzte Schnee längst geschmolzen, außer ...

„Den habe ich von ganz oben geholt, vom Tegelberg."

„Zu Fuß?"

„Ja klar, wie denn sonst."

„Der Tegelberg liegt einige Kilometer entfernt!"

„Ich bin jedenfalls einen Berg hochgestiegen, bis dahin, wo Schnee lag."

„Es ist seit einer Stunde dunkel!"

„Ich habe gute Augen."

„Ist dir mal durch den Kopf gegangen, wir könnten uns deinetwegen Sorgen machen?"

„Herr Schwerenot, brauchen Sie doch nicht! Das wissen sie doch! Hier, der Schneeball, etwas zusammengeschmolzen, aber der ist für Sie!"

Vom Ortserkundungsspiel im Dorf Thronstein sind wir früher als erwartet zurück. Ich habe noch ein anderes Spiel in petto: „Tag oder Nacht". Auf dem Waldweg oberhalb der Burg stellen sich zwei Mannschaften gegenüber. Ich werfe eine Pappscheibe hoch, die auf der einen Seite schwarz und auf der anderen weiß ist. Bleibt die schwarze Seite oben liegen, müssen die Tag-Leute weglaufen und sich hinter eine markierte Linie retten. Die Nacht-Leute versuchen, sie vorher abzuschlagen. Zeigt die weiße Seite nach oben, geht die Verfolgung in die andere Richtung.

Die Lust an der Rennerei ist bald erloschen. Einige Kinder legen es darauf an, abgeschlagen zu werden, schleichen dann zur Seite und ruhen am Wegrand aus.

„Anschleichen, Herr Schwerenot!"

Aus dem Gebüsch am Hang ragen einige Felsbrocken. Ein gutes Gelände! Heike übernimmt die Wächterrolle und steht auf dem Weg. Die Kinder versuchen, diesen von einer vereinbarten Stelle aus unbemerkt zu erreichen. Wer vorher vom Wächter erkannt und aufgerufen wird, muss wieder zurück zum Ausgangspunkt.

Nach dem Abendessen lockt der Bolzplatz zum Fußball spielen. Auch einige Mädchen machen mit. Ich bin Schiedsrichter. Vorbei die Zeiten, als ich mit dem Ball über den Platz stürmte und die Burschen an mir hingen wie Hunde an der Wildsau. Auch beim Völkerballspiel verschaffte ich mir Respekt, denn ich war ein guter Fänger. Vorbei, vorbei!

Mitten im Spiel starren die Kinder plötzlich zum Tor vor dem Innenhof. Da erscheint mit klirrendem Schritt ein Ritter in glänzender Rüstung. Jetzt bleibt er stehen, hebt langsam den eisenbewehrten Arm und winkt uns, ihm zu folgen. Es geht eine Treppe hinab und durch einen feuchten Stollengang in die Folterkammer: Wortlos demonstriert Ritter Kuno Halskrause, Daumenschrauben und Streckbank. Wenn es darum ging, andere zu quälen, haben sich die Menschen immer schon etwas einfallen lassen. Kuno deutet auf das Bodengitter. Darunter befindet sich, schaurig anzusehen, das Verlies. In der Tiefe, angekettet und gespenstisch beleuchtet, liegt auf spärlichem Stroh eine zerlumpte Gestalt. „Ist das wirklich...?" „Lebt der noch?" „Quatsch, das ist nur eine Puppe!"

Ich atme auf, als wir durch eine „Geheimtür" wieder ins Freie gelangen. Ritter Kuno bleibt zurück.

Heike Jolant sieht mich besorgt an.

„Sie sind ganz blass geworden!"

„Ich kann den Modergeruch nicht vertragen. Da wird mir gleich übel", antworte ich. „Außerdem kriege ich Platzangst in solchen Gewölben."

Sie starrt mich ungläubig an und beteuert: „Jetzt sehen Sie wieder ganz normal aus!"

Nachts spukt es

Zum Glück bin ich während meiner Dienstzeit vor schlimmen Unfällen mit Schülern verschont geblieben. Wenn ich für etwas in meinem Lehrerdasein dankbar sein müsste, dann dafür. Einige kleinere Unfälle, die mich zur Wachsamkeit ermahnten, mögen zu diesem günstigen Fazit beigetragen haben.

Schon als Student bekam ich in meinem Landschulpraktikum die erste Lektion: in einer Sportstunde vor der angereisten Hochschuldozentin. Da machte Werner aus der siebten Klasse am Schluss der Bodenübung als unverlangte Zugabe einen Handstand, schlug hintenüber und krachte, wo keine Matten mehr lagen, mit dem Rücken auf den Boden. Zum Glück ging die Sache glimpflich aus, für alle Beteiligten. Die Dozentin registrierte den Sturz nicht mal, weil sie sich mit meinem Mentor unterhalten hatte. Werner ist heute ein erfolgreicher Unternehmer und wird sich kaum noch an den Vorfall erinnern, der mir seitdem warnend vor Augen steht. Bei Schülern musst du in jedem Augenblick mit allem rechnen, in der Klasse, auf dem Schulhof, auf Wanderungen und auch nachts in der Herberge, wenn sie eigentlich schlafen sollen.

„Die erste Nacht ist immer die schlimmste“, wissen alle Kolleginnen und Kollegen, die Erfahrungen mit mehrtägigen

Klassenfahrten haben. Zu sechst oder acht in einem Zimmer, haben sich die Großen wie die Kleinen unheimlich viel zu erzählen. Da kann es locker zwei Uhr werden, ehe sie einschlafen. Und wer immer noch nicht müde ist, sucht Kontakt zu den Kameraden im Nebenzimmer. Vor dem Handy-Zeitalter geschah das durch Klopfzeichen. Da entwickelten sich sonst spracharme Kinder zu einfallsreichen Kommunikationskünstlern.

Es gibt Lehrer, die dem nächtlichen Treiben vorbeugen, indem sie gleich am ersten Tag Gewaltmärsche einplanen. „Damit die Rasselbande so richtig müde wird!“ Diese Rechnung geht selten auf.

Fortschrittliche jüngere Kollegen stellen sich geschickter an. Sie schlüpfen sozusagen in die Rolle eines Undercoveragenten und mischen selbst mit, um die Spannung der ersten Nacht abzufangen und die Unruhe in Grenzen zu halten. Dabei ist Vorsicht geboten. Wer Gespenstergeschichten erzählt, muss sich nicht wundern, wenn die Geister, die er ruft, die ganze Nacht hindurch tanzen. Und wer als Erwachsener hilft, Streiche auszuhecken, wird leicht zum Haupttäter. Zahnpaste von unten an den Türdrücker zu schmieren mag noch angehen. Wer zu Schuhwichse rät, verführt schon zur Sachbeschädigung. Und was sagen die Eltern, wenn die Kinder zu Hause von ihrem „tollen Lehrer“ erzählen?

Im Gegensatz zu diesem Typus stehen jene Kollegen, die ihre Kinder in die Schlafräume schicken, noch eine Stunde beim Bier zusammensitzen und sich dann ins Bett legen. Da schlafen sie mit ruhigem Gewissen fest bis zum nächsten Morgen und kümmern sich nicht um den Spuk, den ihre Schützlinge veranstalten. Solche Alleingelassenen trampelten nachts stundenlang immer wieder durch unseren Flur und klopften an die Zimmertüren. Die Kollegen, am nächsten Morgen auf das nächtliche Treiben angesprochen, reagierten höchst erstaunt: „Wir haben nichts gehört."

Die meisten Kolleginnen und Kollegen jedoch erzählen nach jeder Fahrt von den nächtlichen Eskapaden ihrer Schützlinge. Um zu den Gemächern ihrer Klassenkameradinnen zu gelangen, schrecken Burschen um die fünfzehn vor keinem Hindernis zurück. Bei näherer Betrachtung handelt es sich dabei um eine Art Spiel, in dem sie, meist kollektiv, die Grenze antasten, die sie irgendwann zu überschreiten träumen. Eine Mutprobe, könnte man sagen, die schon als bestanden gilt, wenn sie vor verschlossener oder zugehaltener Tür endet. Sollten sie aber doch eingelassen werden, liefert ihnen der Anblick locker drapierter Teenagerinnen auf den Betten Stoff für tausend Träume. Damit geben sie sich zufrieden.

Und was geht in den Köpfen der Mädchen vor? Alle meine Erfahrungen und diverse Kapitel der Psychologie haben mir nicht geholfen, das weibliche Seelenleben nur annähernd zu begreifen. Heute scheint es – leider - darüber kaum noch Geheimnisse zu geben. Da wird in Talkshows und Zeitschriften das Innerste nach außen gekehrt, und da verkünden sie im Fernsehen, dass es ganz natürlich ist, mit vierzehn defloriert zu werden.

Als Lehrer ist es wichtig, seine Schäfchen beisammen zu halten. Einmal aus der Herde ausgebrochen und isoliert, fällt man leicht unter die Räuber. Das gilt für beide Geschlechter.

Bei Grundschülern sind die Probleme anderer Natur. Klein Pia kriegt mitten in der Nacht Bauchschmerzen. Ich rufe die Eltern an. Die reden mit ihr. Die Bauchschmerzen verschwinden. Ihre Ursache war zum Glück nicht der Blinddarm, wie ich befürchtet hatte, sondern das Heimweh. Heute hat klein Pia ein Handy dabei und gerät kaum noch in solche Hysterie.

Nicht selten taucht ein anderes Phänomen auf: Laura oder Robin wollen draußen vor dem Fenster jemand gesehen haben. Kein Wunder bei dem, was so in den Medien berichtet wird! Selbst wenn Vollmond ist und Laura oder Robin im zweiten Stock untergebracht sind, muss man ihnen Gehör schenken. Sie könnten Recht haben.

Mit einer couragierten Lehramtsanwärterin – sie wird sich an das folgende Ereignis erinnern - patrouillierte ich vor sieben Jahren gegen 23 Uhr auf Thronstein den Flur entlang und wartete darauf, dass die Geräusche aus den Zimmern, in denen unsere Viertklässler untergebracht waren, allmählich verstummten. Vermutlich hätten wir bis zum Morgengrauen patrouillieren müssen, aber Lehrer leben ständig von der Hoffnung auf irgendwelche Wunder. Als wir schon glaubten, es sei Ruhe eingekehrt, krachte und polterte es in einem der Zimmer, die Tür flog auf und Patrick schrie: „Herr Schwerenot, kommen Sie schnell! Der Tonio blutet!" Ich widerstehe der Versuchung, die Geschichte im Stil eines Erlebnisaufsatzes auszumalen. Die zweistöckigen Betten hatten die Fantasie der beiden Burschen beflügelt. Jedenfalls sagten sie was von „Trapez spielen". Möglicherweise waren die anderen in dem Sechserzimmer mit Anregungen zu Hilfe gekommen. Tonio oben und Patrick unten hatten jedenfalls die Arme ineinander gehakt und ihre Kräfte gemessen. Patrick unten war dabei nach den Gesetzen der Schwerkraft im Vorteil, was Tonio oben erst erkannt haben dürfte, als er aus seiner Koje stürzte und mit der Nase auf einen schweren Hocker schlug, der vor dem Bett stand. Während ich die Blutung zu stillen versuchte, trommelte meine Begleiterin den guten Hallmeier aus dem Schlaf. Der handelte routinemäßig besonnen, forderte einen Rettungswagen an, und darin begleitete ich den armen Tonio nachts zum Krankenhaus in die zehn Kilometer entfernte Stadt hinter dem großen Wald. Diagnose: Nasenbeinbruch. Bis zum nächsten Morgen musste Tonio im Krankenhaus bleiben. Dann lieferten sie ihn wieder in Thronstein ab. Er hatte Glück im Unglück und bekam keine Boxernase. Die Kosten trug die Gemeindeunfallversicherung. Ob es was bringt, wenn man Eltern und Schülern bei Gelegenheit auflistet, für was die alles berappen muss? Für die Aufsicht sind doch die Lehrer zuständig! Klar, sind sie. Folglich genügt es, wenn die es wissen!

Da liege ich nun in meinem Bett im „Abendfrieden". Die Kinder schlafen endlich. Aus dem Tal herauf dringt das Geräusch eines Kraftwagens. Ich drehe mich von einer Seite auf die andere. Seit einigen Jahren leide ich an Schlafstörungen. Deren Ursache sollen Depressionen sein. So hat jedenfalls der Neurologe gesagt, zu dem ich auf Anraten meines Hausarztes gegangen bin. „Da kommen Sie noch gut weg", hat er mich getröstet. „Bei den meisten Ihrer Kollegen richten Depressionen größeren Schaden an. Sie wissen ja, wie viele vorzeitig ihren Dienst quittieren müssen. Die haben Angst, vor einer Klasse zu stehen. Das schaffen die nicht mehr. Die zittern regelrecht und drehen durch. Für die wäre besser, sie kommunizierten mit ihren Schülern nur noch per E-mail."

Ich musste an einen Hauptschulkollegen denken, den ein Schüler im Unterricht mit einer Pistole bedroht hatte. Die stellte sich, nachdem die Polizei den Täter zur Aufgabe überredet hatte, als Spielzeugpistole heraus. Aber wer erkennt das in solch einer Situation? Und überhaupt: Auf welchem Stern leben wir, wo so was möglich ist? Der Kollege jedenfalls, ein athletisch gebauter Mann um die vierzig, war nachher ein Fall für den Psychiater. Er könne nicht mehr vor der Klasse stehen, weil er immerfort die Pistole auf sich gerichtet sehe, erklärte er und wurde vorzeitig in den Ruhestand geschickt. Jetzt bezieht er eine Pension und hat Zeit, sich um seine Ferienwohnung zu kümmern, die er an der Ostsee erworben hat.

Meine Schlafstörungen kommen vielleicht nur daher, weil ich zu viel über alles Mögliche nachgrüble. Zum Beispiel über Gott. Wieso es den überhaupt geben soll und wie wir dazu kommen, ihm ein Geschlecht anzudichten.

Warum gibt es überhaupt etwas und nicht einfach nichts?

Oder ich denke darüber nach, wie es ist, wenn in vier Milliarden Jahren die Sonne erlischt. Oder darüber, dass nach Überzeugung von Wissenschaftlern in absehbarer Zukunft der ganze Yellowstone-Nationalpark in die Luft fliegt, weil darunter eine riesige Magmakammer sitzt. Die Folge sei eine weltweite Umweltkatastrophe, bei der von der Menschheit nicht viel übrig bleibe.

Und natürlich zermartere ich mir das Gehirn über den Tsunami im Indischen Ozean mit seinen dreihunderttausend Toten. Man möchte glauben, solche Ereignisse brächten die Menschen zur Besinnung; aber das tun sie höchstens für kurze Zeit. Dann geht's weiter im Trott, mit Kriegen, Unrecht und Grausamkeiten.

Warum lässt Gott das alles zu? Wenn es ihn wirklich gibt, so denke ich oft, sind ihm die Menschen ziemlich gleichgültig. Unvorstellbar, dass er jeden Einzelnen kennen soll! Im besten Fall könnte das Universum für ihn ein Spielfeld zum Experimentieren sein: mal ein Urknall mit einem Sonnensystem und wieder weg damit in ein schwarzes Loch; mal die Dinos, mal die Menschen - beliebig reproduzierbar.

Klar, dass einen solche Gedanken nicht gerade aufbauen. Angesichts dieser hoffnungslosen Lage müsste es unser Bestreben sein, das Leben in jeder Form zu achten, weil es das höchste Gut in unserer erfahrbaren Welt ist. Und bei jeder Begegnung mit einem Menschen sollten wir daran denken, was für eine unwahrscheinliche Fügung es angesichts des unendlichen Raumes und der Ewigkeit ist, gerade mit ihm zusammenzutreffen.

Andererseits, wenn alles Bestehende irgendwann wieder pulverisiert wird, was macht es da, ob so ein vergängliches Lebewesen ein Wurm oder ein Mensch war, ein Goethe oder ein Hitler, ein Opfer oder ein Täter? In den Kirchen predigen sie ihren Glauben vom ewigen Leben und wissen genau, dass sie sich dabei was vormachen. Wie soll man sich denn ein ewiges Leben vorstellen?

„Als Teil der Materie, aus der sich der Kosmos immer wieder aufbaut“, sagte Tochter Monique bei meinem Besuch im Herbst, als wir beim Kaffee für Minuten zu einem echten Gespräch fanden.

„Eine tolle Idee. Und Gott?“

„Ist die Energie, die das bewirkt.“

„Warum bin ich dann ein Mensch geworden mit einem Bewusstsein und all den quälenden Fragen?“

Monique zuckte die Schultern. „Tiere haben es da besser“, meinte sie.

Irgendwann schlafe ich endlich ein. Ich träume, es klopft jemand an meine Tür. Lissy steht da. „Komm doch rein!“, rufe ich. Aber sie bleibt draußen, klopft immer weiter, trommelt sogar. Wo bin ich überhaupt? Ich greife nach dem Wecker. Vier Uhr.

„Was ist denn los?“, frage ich.

„Herr Schwerenot!“, höre ich Andys Stimme, „der Lars hat sich angezogen, hat seinen Rucksack genommen und ist weg zu einer Morgenwanderung.“

Ich streife Pulli und Hose über den Schlafanzug und bin im nächsten Augenblick draußen. Um die Berggipfel im Osten strahlt silbern das Sonnenlicht, funkelt in den Fenstern der Burg und fließt in weichen Bändern hinunter ins schattige Tal. Es gelingt mir, Lars am Tor abzufangen, denn er hat auf der Bank daneben eine erste Rast eingelegt.

„Ich konnte nicht schlafen“, erklärt er.

„Was meinst du, wenn jeder von euch, der nicht schlafen kann, in der Gegend umherwandert?“, frage ich ihn.

Lars blickt mich mit seinen großen Augen nachdenklich an. „Ich wollte Ihnen wirklich keinen Ärger machen, Herr Schwerenot!“. Es klingt wie eine Entschuldigung.

Nun muss man nicht annehmen, auf Wanderfahrt spukten nachts nur Kinder und Jugendliche umher. Auch Männlein oder Weiblein aus dem Lager der Erwachsenen huschen manchmal durch die Flure, klopfen heimlich an eine Tür und verschwinden lautlos dahinter. Herbergsaufenthalte bieten Beziehungssuchenden günstige Möglichkeiten, das zu tun, was sie schon immer mal tun wollten. Und nicht allen ergeht es so wie mir bei Marlene, von der ich später noch erzählen will.

Das Wandern ist . . .

Zum Programm eines Herbergsaufenthaltes gehört bei vielen Kollegen eine Ganztagswanderung. Bei mir schon lange nicht mehr. Ich verabscheue die tristen Lunchpakete, mit denen die Kinder um ein warmes Mittagessen betrogen werden. Allein das Wort Lunchpaket ist mir ein Gräuel. Wenn ich dann noch höre, wieviel Kilometer die Kollegen mit ihrer Klasse so „runterreißen", winke ich nur dankend ab. Dabei war ich früher beim In-die–Ferne-Schweifen durchaus nicht zimperlich. Und unterwegs, wenn die Kinder bereits auf dem Zahnfleisch krochen, ließ ich sogar singen: „Wem Gott will rechte Gunst erweisen", „Im Frühtau zu Berge", „Das Wandern ist des Müllers Lust". Irgendwann schmetterten einige Mädels: „Das Wandern ist des Schülers Frust". Zuerst wollte ich ihnen den richtigen Text fünf mal zu schreiben aufgeben, aber dann dämmerte mir, dass sie Recht hatten. Und ich musste an die qualvollen Wanderungen in meiner eigenen Schulzeit denken und an die Kohlsuppenwanderung, von der Lissy erzählt hatte. Außerdem spürte ich damals schon in meinen Knien die Anfänge der Arthrose. Seitdem lasse ich die Kirche im Dorf und ziehe, wenn ich wandere, immer engere Kreise um sie.

Auch auf meiner letzten Wanderfahrt will ich mir kein Bein ausreißen, zumal vom regnerischen April her die Wege im Wald noch feucht sind. Am zweiten Tag, so plane ich, machen wir morgens einen Spaziergang rund um den Burgberg. Der dauert erfahrungsgemäß zwei Stunden. Was wir nachmittags unternehmen, entscheiden wir später.

Los geht's! Zuerst steigen wir in nordwestlicher Richtung hinter der Burg den Hang hinauf. Wie eh und je habe ich Glück mit dem Wetter. Die Strahlen der Morgensonne fluten durch den Buchenwald und lassen das hellgrüne Laub aufleuchten, das überall aus den Zweigen bricht. Über dem Boden aber, als wären sie aus ihm hervorgekrochen, wabern dünne Nebelschwaden, geisterhaft und geheimnisvoll wie tanzende Elfen mit Schleiern aus weißem Rauch und Spinnweben. Sie verhüllen bald das Unterholz und die Sträucher am Wegrand. Ich sehe es wohl, aber es beunruhigt mich nicht. Ich kenne ja den Weg, der jetzt nach Osten durch den hohen Fichtenwald führt. Da steht der Nebel bald wie eine Wand zwischen den schwarzgrauen Stämmen. Kein Sonnenstrahl dringt hindurch. Es wird richtig düster, und nach einer Weile ist der Weg nur mit Mühe auszumachen. Die Kinder werden merkwürdig still, rücken wie eine geängstigte Herde zusammen und bleiben in meiner Nähe. Nun gut, da brauche ich weniger aufzupassen.

Sogar die Jolant geht neben mir. Die bat mich doch gestern Abend, ich möge sie Heike nennen. „Die meisten im Kollegium tun das. 'Frau Jolant' klingt so unheimlich erwachsen.“

Ich musste lachen. „Früher sagte man Fräulein“, antwortete ich ausweichend. „Da hatte man das Problem nicht.“

„Aber Ledige, die man bis ins hohe Alter mit 'Fräulein' anredete, fühlten sich diskriminiert“, meinte sie und plapperte weiter: von Professoren auf der Uni, die sich mit Studierenden duzten; von den Sozis, wo jeder Genosse zum Kanzler „du“ sagen dürfe; und auch sonst ...

„Ist das so wichtig?“, unterbrach ich irgendwann ihren Redefluss. „Die Welt geht davon nicht unter.“

Sie sah mich befremdet an und verstummte. Erst nach einer Weile entgegnete sie vorwurfsvoll: „Wenn man *so* will, ist alles unwichtig. Auch unsere Pädagogik. Da können wir gleich einpacken.“

„Immer geradeaus, Herr Schwerenot?“, fragen die Kinder.

„Ja, immer geradeaus“, antworte ich mit betont unbekümmerter Stimme.

„Wie weit noch?“, fragen sie nach fünf Minuten.

„Höchstens eine viertel Stunde“, sage ich. „Ihr könnt euch auf mich verlassen, ich kenne den Weg.“

Dabei bin ich mir dessen nicht mehr ganz sicher, aber die

Kinder vertrauen mir, als wäre ich der König der Pfadfinder. Als wir nach einer halben Stunde immer noch im Nebel umherirren, muss ich eingestehen: „Nun hat der alte Häuptling doch die Orientierung verloren. Aber keine Angst, wir finden schon zurück!“ Das tun wir nach einer weiteren halben Stunde, klamm und kalt vor Nässe und ich am Rande der Verzweiflung. Von links herauf klingt, ganz nah, ein Glockenschlag: die Thronsteiner Kirchenglocke. Sonnenstrahlen zerreißen den Nebelvorhang. Noch hundert Meter, und die Mauern der Burg tauchen auf. In der Herberge warten sie bereits mit dem Essen auf uns.

Ich bin nicht der erste gewesen, der im Wald die Orientierung verloren hat. Einmal vom rechten Weg abgekommen, auch ohne Nebel, irrt man leicht Stunden lang umher. Das haben schon ganz andere als ich erfahren. Die Lust der lieben Kleinen auf weitere Unternehmungen hält sich nach dem Erlebnis am Morgen in Grenzen.

Timo, unser Dickerchen, schlägt vor: „Herr Schwerenot, wir könnten doch mal gar nichts tun!“

„Und wie stellst du dir 'gar nichts tun' vor?“

„Nur so rumgammeln, auf der Bank an der Mauer sitzen, ein bisschen erzählen oder was essen.“

„Essen?“, frage ich mit einem anzüglichen Blick auf seinen Prachtkörper.

„Na klar“, erwidert er mit entwaffnender Offenheit. „Essen tue ich noch lieber als gar nichts tun.“

Nach der Mahlzeit bespreche ich bei einem Kaffee mit Heike die Lage. Selbst ein allgemeines Rumgammeln will geplant sein und muss eine Ordnung haben. Mitten in der Beratung bittet mich Frau Radebusch durch den Lautsprecher zum Kiosk. „Jetzt gibt es einen Rüffel, weil wir zu spät zum Essen waren“, befürchte ich. Aber sie strahlt mich an mit ihren blassblauen Augen. „Hallo, Herr Schwerenot! Ich habe im Wald drei Bienenvölker stehen, vor der Hohen Wacht, nur eine halbe Stunde entfernt. Wenn es Sie interessiert, könnte ich sie Ihnen und den Kindern zeigen. Ich muss heute sowieso hin.“

Ich bin überrascht, zögere einen Augenblick mit der Antwort, und schon erklärt sie: „War nur so eine Idee, aber Sie haben sicher was anderes geplant.“

„Nein, ist schon recht“, sage ich schnell. „Bienen interessieren mich. Nur: Wenn jemand gestochen wird?“

„Meine Bienen stechen nicht, die könnte ich mit ins Schlafzimmer nehmen.“

„Ins Schlafzimmer?“, frage ich verwundert.

Eine Stunde später stehen wir am Waldrand in geziemendem Abstand neben den Beuten. Wie die Immen unablässig gegen den hellen Himmel starten, während andere auf dem Rückflug in die Flugschneise einschwenken und auf dem Brett vor dem

Flugloch landen, fühle ich mich an einen Flughafen erinnert. Aber hier geht es noch betriebsamer zu. Mit dunkelgelben Pollensäcken an den Hinterbeinen verschwinden die Heimkehrer wie ein Strom von Hamsterern im Inneren des Stockes.

Frau Radebusch hebt den Deckel einer Beute ab und bläst aus einem Smoker Dampf über die Wabengassen. „Man sagt, das beruhigt die Bienen“, erklärt sie. „In Wahrheit signalisiert ihnen der Rauch Gefahr, vor der sie womöglich fliehen müssen. Da ist es gut, Proviant mitzunehmen, und sie saugen Nahrung aus den Futterzellen.“

„Und dann fliehen sie?“, fragt Katharina.

„Nein, weil es nicht wirklich brennt“, sagt Frau Radebusch.

Sie zieht eine Brutwabe aus der Beute. Darauf krabbelt, mit einem roten Plättchen gezeichnet, die Königin, deren stattlicher Hinterleib täglich zweitausend Eier produziert. Anschließend zeigt die Imkerin eine Wabe mit größeren, meistens verschlossenen Zellen.

„Das gibt Drohnen - Männer!“, sagt sie und zwinkert Heike zu. „Ihr einziger Lebenszweck ist es, die Königin zu begatten. Nur ganz wenige schaffen das, und wenn sie es geschafft haben, sterben sie.“

„Und die anderen?“, fragt Alex.

„Werden im August abgestochen oder verjagt. Nutzlose Fresser!“

„Bei den Menschen ist das aber anders“, sagt Tina beinahe tröstend und lächelt mich an.

Im gleichen Augenblick fühle ich einen schmerzenden Stich neben dem linken Auge.

„Oh Gott, Herr Schwerenot!“ Frau Radebusch zieht mir mit einem Griff die Brille herunter. „Der Stachel muss raus! Zur Seite wegstreifen, damit nicht noch mehr Gift in die Wunde dringt! Seht ihr, Kinder, so wird's gemacht!“ Sie zaubert ein Fläschchen hervor und tupft eine braune Flüssigkeit auf die Einstichstelle. „Schwedenkräuter“, erklärt sie.

Der Schmerz lässt nach.

„Ich denke, Ihre Bienen stechen nicht!“, sage ich.

„Äußerst selten“, räumt sie ein, gibt mir die Brille zurück und flachst: „Irgendetwas an Ihnen muss ihr missfallen haben.“

„Dass ich Lehrer bin“, erwidere ich.

Sie zeigt ihre gesunden Zähne und lacht. „Ich gebe Ihnen gleich was zum Kühlen.“

Wieder zurück, dürfen sich die Kinder bis zum Abendessen auf dem Burggelände die Zeit vertreiben. Während ich auf der Mauer sitze und einen Eisbeutel aufs linke Auge drücke, sehe ich mit dem rechten, wie Rolli auf dem abschüssigen Pfad zum Spielplatz ausrutscht. Sein rechter Fuß schwillt um den Knöchel herum an und Rolli kann nicht mehr auftreten. Was folgt ist klar: Ein Taxi muss herbei, und ich begleite den Jungen, wie schon vor Jahren den Trapezkünstler Tonio, über das Gebirge zur chirurgischen Unfallambulanz ins Krankenhaus. Laune des Schicksals: Der diensthabende Arzt ist derselbe wie damals – ein bisschen älter geworden natürlich. Er sieht mich fragend an, aber ich habe keine Lust, seinem Gedächtnis nachzuhelfen. Vielleicht ist es nur die Schwellung um mein Auge, die seine Aufmerksamkeit erregt.

Wie das Röntgenbild zeigt, hat Rolli nichts gebrochen, sondern nur eine Verstauchung. Die schmerzt allerdings. Therapie: Salbenverband, Bein hochlegen, kühlen.

Und wieder die leidige Unfallanzeige. Wann, wo und wie geschah der Unfall? Wer hat ihn verschuldet? Gibt es Zeugen? Kosten trägt wie immer die Gemeindeunfallversicherung, letztlich also der Steuerzahler. Ich kann es nicht ändern.

Über das Zueinanderfinden

Beinahe wäre mir Lissy schon damals im Adlerhorst abhanden gekommen. Heimleiter Wolfgang, Mitte vierzig, braungebrannt, dynamisch, hatte uns und eine andere zu Gast weilende Klasse in die Hausdisco eingeladen, wo die Teenies im Halbdunkel bei flimmerndem Scheinwerferlicht und rhythmischen Klängen darangingen, sich Glieder verrenkend kennenzulernen, hier und da auch anzumachen und anzuschmiegen.

Die Jungs von fünfzehn oder sechzehn wirken bei solchen Kontaktversuchen eher tapsig und unbeholfen. Die Mädels sind ihnen, so will es die Pubertät, etwa zwei Jahre voraus und interessieren sich eigentlich für ältere Semester. Die Gemeinschaft mit ihren gleichaltrigen Klassenkameraden gibt ihnen jedoch Sicherheit und bewahrt sie möglicherweise davor, ihren heimlichen Sehnsüchten zu folgen und einem dieser Herzensbrecher zum Opfer zu fallen, von denen es dann und wann auch in der eigenen Klasse welche gibt: Rückläufer aus dem Gymnasium etwa, die dort gescheitert sind und sich nun in niederen Gefilden beweisen müssen. In den schulischen Leistungen gelingt ihnen das locker, sofern die Arbeitshaltung stimmt. Oft gelangen sie sogar in eine Führungsposition, werden zum Klassensprecher gewählt und angehimmelt. Manchmal aber rutscht so ein Typ durch, wie ein Absteiger aus der Profiliga, der weitergereicht wird. Einmal Versager, immer Versager. Erschreckende Beispiele zeigen, wohin das führen kann.

Aber ich wollte von Lissy erzählen. Dieser Typ Wolfgang war ein Magier. Er schaltete die Discomusik ab, nahm seine Gitarre, schlug ein paar Saiten an und hatte im Nu die ganze Gesellschaft in seinem Bann. Mädchen und Jungen hockten um ihn herum, lauschten seinem wohlklingenden Bariton und stimmten in den Kehrreim, wenn er sie dazu animierte. Sein Repertoire bestand hauptsächlich aus Wander- und Studentenliedern, in denen vom Trinken oder von der Liebe die Rede war. Gegen Ende parodierte er die anrüchige Schnulze mit dem bekannten Refrain „Das kommt vom Rudern, das kommt vom Segeln, das kommt vom Fische fangen auf hoher See.“ Da schmolzen sie alle dahin, auch Lissy, besonders als Wolfgang zuletzt den alternden Seemann klagen ließ: „Kann nicht mehr rudern, kann nicht mehr segeln, kann nicht mehr ...“

Sie muss den Text mit mir in Zusammenhang gebracht haben und in eine Depression gefallen sein. Jedenfalls driftete sie in abseitige Gefilde, nein, nicht mit Wolfgang, sondern mit Marcel, dem jungen Franzosen hinter dem Tresen, der im Haus ein Praktikum ableistete. Mit dem saß sie noch bis vier

Uhr, als die Veranstaltung längst zu Ende war, bei äußerst spärlicher Beleuchtung in der Disco. Welches Gesöff den beiden die Sinne vernebelte, entzog sich meiner Beobachtung. Ich näherte mich ausgerechnet in dem Augenblick der offenen Tür, als der Bursche mit schwerer Zunge säuselte: „Doch, wie neunsehn siehst du aus! Wie kommt eine petit Paukär eigentlisch an so eine süper Frau?“ Ich entfernte mich, tat meine Pflicht und schlich durch die Flure, um meine Schützlinge davor zu bewahren, sich auf fremdes Territorium zu verirren.

Schließlich ging ich in das Zimmer, in dem Lissy und ich untergebracht waren. Ich zog mich aus, duschte und legte mich in eins von den zwei Betten, die hintereinander an der linken Wand standen. Weil ich aber nicht einschlafen konnte, stand ich wieder auf und trat im Schlafanzug auf den kleinen Balkon. Bei Tag blickte man von hier über einen Streifen des Alpenvorlandes mit dem tiefblauen Bannwaldsee. Jetzt in der Nacht war da nichts als Dunkelheit, in der lediglich ein paar einsame Lichtlein funkelten und dann und wann der Scheinwerfer eines Autos umherirrte. Der Wind rauschte in den Tannenwipfeln. Vom Himmel blinzelten Sterne durch den Wolkenschleier; kalt und lebensfeindlich erschienen sie mir. Ich fühlte mich einsam und dem Tod näher als dem Leben.

„Du stirbst schon, solange ich dich kenne“, hatte Lissy erst kürzlich zu mir gesagt.

„Ist das Leben etwas anderes als ein langes Sterben?“, hatte ich gefragt.

Darauf sie, vorwurfsvoll: „Es ist nicht immer leicht mit dir!“

Ich grübelte darüber nach, warum Lissy und ich in den letzten Jahren nur noch selten zueinander fanden.

„Was meinst du eigentlich mit Zueinander-Finden?“, hatte sie mich gefragt, als ich dieses Problem zum ersten Mal ansprach. „Eine Frau will nicht nur körperlich begehrt sein.“

„Aber doch auch“, hatte ich geantwortet.

Sie darauf: „Ich habe den Eindruck, dir kommt es immer nur darauf an.“

„Soll ich dich lieben, ohne dich zu begehren?“, hatte ich gefragt.

„Du willst mich nicht verstehen“, war die Antwort.

So ähnlich verliefen alle Gespräche zu diesem Thema. Ich suchte in meiner Vergangenheit, ob da etwas war, das die Entwicklung meiner Fähigkeit zu lieben behindert haben könnte. Mein leiblicher Vater verschwand nach dem Krieg, als ich gerade fünf Jahre zählte. „Wir fanden nicht mehr zueinander“, sagte damals meine Mutter. Irgend so ein Flittchen habe meinem Vater den Kopf verdreht. Er sei doch früher ganz anders gewesen. Der Krieg habe ihn verändert. Wenn er nur dort geblieben wäre, das wäre leichter zu ertragen als so etwas. Ihre Enttäuschung hinderte sie aber keineswegs, noch im Jahr der Scheidung einen Fliesenleger zu heiraten.

Ich habe mich oft gefragt, warum verlassene Frauen nach der Trennung von ihrem Mann alles daran setzen, so schnell wie möglich einen neuen Liebhaber zu angeln, mit dem sie schon bald ins gleiche Elend wie vorher absinken. Es scheint, sie können ohne einen Partner nicht mehr leben. Der wahre Grund jedoch, so denke ich, ist ihr Gefühl, verletzt zu sein. Sie empfinden diese Verletztheit als einen Makel, den sie kompensieren zu müssen glauben. Verlassene Männer dürften in einer ähnlichen Seelenlage sein, aber die interessiert keinen, weder die Psychologen noch die Romanschreiber. Eine Gefühlswelt wie die meine gäbe zum Analysieren auch wenig her, denke ich. Lissy war da anderer Meinung. „Ich weiß genau, was in dir vorgeht“, behauptete sie. Vielleicht ist sie deshalb von mir abgehauen.

Fliesenleger waren schon in den Jahren des Wiederaufbaus gefragte Leute, vor allem für Schwarzarbeit. Als Beweis seiner Liebe und seines Wohlstandes schenkte Mutters Fliesenleger ihr zur Hochzeit einen Nerzmantel, den man damals noch ohne Skrupel tragen konnte. Er wärmte sie und verhüllte zugleich ihre seelischen Wunden. Mir gegenüber zeigte sich der Mann ebenfalls großzügig. Er adoptierte mich und gab mir seinen Namen „Schwerenot“, den ich seitdem wie unrecht Gut, das nicht recht gedeihen will, mit mir herumschleppe. Mein leiblicher Vater bezahlte bis zu meiner Volljährigkeit korrekt Alimente, die er als Handlungsreisender trotz teurer Weibergeschichten locker abdrückte, wie Mutter zu wissen glaubte.

Lissy bestand vor unserer Heirat darauf, meinen Erzeuger ausfindig zu machen und kennenzulernen. Aber ehe es dazu kam, hatte der sich für immer und ewig davongemacht. Wie viele Frauen, Töchter oder Söhne ihn beweinten, entzieht sich meiner Kenntnis.

Ich erzähle diese Geschichte nur, weil sie wahrscheinlich bei mir einen psychischen Defekt zurückgelassen hat, wie ich ihn bei Kindern allein erziehender Mütter oder geschiedener Eltern oft zu erkennen glaube. Das Bedenkliche daran: Die Betroffenen sind für weitere psychische Schädigungen anfälliger als intakte Seelen; ähnlich wie ein körperliches Gebrechen leicht andere nach sich zieht oder wie in der Natur ein verletztes Tier eher unter die Räuber fällt als ein gesundes.

Ich bin nicht sicher, ob das etwas mit meiner Beziehung zu Lissy zu tun hat. Beim Blick in die Tiefe ihrer Seele bin ich immer am oberen Rand hängengeblieben. Wie in jener Nacht, als sie um halb fünf im Adlerhorst in mein warmes Bett schlüpfte, sich innig an mich schmiegte und mir meine Vorhaltungen von den Lippen küsste. „Mit Marcel, das war doch gar nichts!", behauptete sie.

Neun Monate später wurde unsere Tochter geboren. Lissy bestand darauf, sie Monique zu nennen, obwohl ich anführte, ein französischer Name passe nicht zu Schwerenot. „Da gibt es heute ganz andere Kombinationen", sagte Lissy.

Es bestehen übrigens keine Zweifel, dass Monique mein Fleisch und Blut ist - wenn auch bei ihr meine Erziehungskunst versagte. Es ging mir wie vielen Pädagogen. Die Unerzogenheit anderer Kinder vor Augen, wollen sie sich bei ihren eigenen keine Versäumnisse zu Schulden kommen lassen und machen gerade deshalb vieles falsch.

Ein Jahr vor der Reifeprüfung brannte Monique mit einem von diesen schattengesichtigen Typen durch, die heute unsere Gesellschaft bereichern. Sie jobbte in verschiedenen Städten, bis sie zur Besinnung kam, in Abendschulen das Abitur nachholte und studierte. „Irgendwas mit Sprache und Soziologie", sagte sie mir am Telefon, und ich durfte ihr fünf Jahre lang eine Apanage überweisen. Bis sie in einer Zeitungsredaktion unterkam, wo sie mittlerweile die Seite „Für die Frau" gestaltet und sich über deren Bedürfnisse und Rechte verbreitet.

Und Lissy? Ihr Selbstverwirklichungsrausch führte sie über eine Anstellung als Sozialarbeiterin schließlich zur Malerei. „Meine Frau malt", könnte ich in den Chor der vielen verwunderten Männer einstimmen, deren Lebensgefährtinnen plötzlich in der Kunst ihre wahre Erfüllung finden. „Könnte" sage ich, weil Lissy nach einundzwanzig Jahren partout die Trennung haben wollte. „Wir haben uns auseinandergelebt, Nötli!" Geschieden sind wir aber nicht. Die Beziehung, derentwegen sie damals alle Brücken hinter sich abbrach, war nur von kurzer Dauer. Sie ist längst wieder solo.

Einige Male berichteten Zeitungen lobend von ihren Vernissagen und zeigten sie neben einem ihrer Werke. Meine Lissy! Sie ist nicht jung geblieben, aber immer noch eine attraktive Frau.

„Gestern war deine Ex in der Zeitung", sagt Klebricht dann, „Mensch, Schwerenot!"

Den Adlerhorst habe ich vor einigen Jahren aufsuchen wollen, die alten Erinnerungen aufzufrischen, aber da stand nur eine Ruine mit demolierten Fassaden in der schönen Allgäuer Landschaft.

Liebe und Triebe

Seit Lissy weg ist, läuft bei mir mit Frauen nichts mehr. Es ist auch vorher nichts gelaufen. Lissy war meine Einzige. Die Heldentaten, deren andere sich rühmen und die einen angeblich erst zum Mann machen: bei mir Fehlanzeige. Waisenknabe. Zwar habe ich mich immer verzehrt nach Frauen und von ihnen geträumt, habe mir auch den Kopf verdrehen lassen und bin hineingetaumelt in so ein Liebesabenteuer, aber das war vorbei, ehe es richtig anfing, und für mich jedes mal mit einer Enttäuschung verbunden.

Bevor ich Lissy kannte, fuhr ich mit einer Abschlussklasse der Volksschule in eine Jugendherberge im Westerwald. Als Begleitperson hatte mir der Rektor meine Kollegin Marlene zugeteilt, die ihr Abi auf einem Mädcheninternat gemacht hatte und gelegentlich andeutete, sie habe dort nicht nur Mathe und Latein gelernt. Marlene war verlobt mit einem Fabrikantensohn, den sie in Kürze heiraten wollte. Oder sollte. Manchmal, wenn sie von durchlebten Nächten erzählte, brachte sie durch vielsagende Blicke und Augenzwinkern meine Phantasie ganz schön auf Touren.

Wir waren also im schönen Westerwald, lagen nebeneinander am Ufer eines Badesees und beaufsichtigten unsere Teenies, wobei ich nicht umhin konnte, die Anmut der zum Erwachsensein hindrängenden Mädchenkörper zur Kenntnis zu nehmen. Aber auch Marlene in ihrem rosaroten Bikini zog immer wieder meine Blicke auf sich. Ich bin von menschlichen Empfindungen dieser Art so wenig frei wie andere. Warum sollte ich mich dem Anblick einer blühenden Blume verschließen? Nicht nur die Wahrnehmung des Gebrechlichen und Unvollkommenen gehört zu den Voraussetzungen pädagogischen Handelns, sondern, natürlich, auch die des Schönen. Doch was soll dieser pathetische Rechtfertigungsversuch! Wenn ich eine schöne Frau sehe, muss ich einfach hingucken. Da brauche ich mir kein schlechtes Gewissen einzureden, wie es Lissy bisweilen tat: „Dauernd gaffst du anderen Frauen nach!"

Ist es nicht gottgewollt, sich vom anderen Geschlecht angezogen zu fühlen? Profan ausgedrückt: Liegt es nicht im Interesse der Natur? Um ihr oberstes Ziel, die Erhaltung und Vermehrung der Arten zu erreichen, hat sie mancherlei Tricks ausgetüftelt. Beim Menschen den mit der Liebe, die uns glauben macht, wir fühlten uns zum anderen um seinetwillen hingezogen, wo es doch in Wahrheit um die eigene Trieberfüllung geht. Schön, wenn der andere, dem gleichen Drang unterworfen, dabei ebenfalls seine Erfüllung findet. Das Ganze nennen wir dann Glück. Was immer man an der Schöpfung kritisieren mag, der Trick mit der sogenannten Liebe klappt. Obwohl er oft genug auf Irrwege führt. Die sind in der Gesamtrechnung einkalkuliert.

Seit der Zeit meiner Midlifecrisis, während der sich Lissy von mir verabschiedete, habe ich Probleme mit dem Älterwerden. Das Schöne am Lehrerberuf sei, es mit Kindern oder Jugendlichen zu tun zu haben, wird oft leuchtenden Auges von den Pädis verkündet. Man bleibe dabei selber jung. Manche Kollegen, so scheint mir, versäumen bei der Begegnung mit der blühenden Jugend, in den Spiegel zu blicken. Das könnte zur Weisheit führen, aber sie wollen nicht weise, sondern jung sein. Und so ziehen sie plötzlich, wie einst in der Wanderjugendbewegung, kurze Hosen an, erscheinen mit verwuselten Haaren im Dienst, bieten Schülern das „Du“ an oder inspizieren auf einer Klassenfahrt mit ihnen den Nacktbadestrand. Und alle Jahre wieder geschieht irgendwo eine dieser kleinen oder großen Tragödien, wenn eine Schülerin ihrem Lehrer den Kopf verdreht und er ihn verliert. Und obendrein seine Stellung. Die Psyche der verehrten Kolleginnen scheint in dieser Hinsicht besser gewappnet. Dass eine Lehrerin dem Charme eines ihrer Schüler verfallen sei, gehört zu den selteneren Nachrichten, wirbelt dann allerdings gewaltig durch die Presse und beflügelt die Fantasie der Filmemacher.

Realistisch ist der Weltschmerz, der Lehrerinnen und Lehrer

gleichermaßen zeichnet, wenn sie „ihre“ Klasse nach mehreren Jahren entlassen und in die raue Wirklichkeit schicken müssen. „Da fällt man in ein Loch.“ „Ich habe mich so an die gewöhnt.“ „Die sind mir richtig ans Herz gewachsen.“ Und auch die Schülerinnen und Schüler vergießen ordentlich Tränen und feiern herzzerreißend Abschied. Zum Glück ist schon bald alles Vergangenheit, lebt nur noch in der Erinnerung, in der sich selbst schmerzhafte Erlebnisse verklären.

An meine eigene Schülerzeit denke ich mit gemischten Gefühlen. Ich sehne mich nicht nach ihr zurück, obwohl ich einigen Lehrerinnen und Lehrern hohen Respekt zolle. Sie hatten Format, und nie wäre mir in den Sinn gekommen, nach dunklen Seiten in ihrem Privatleben zu fragen. Es brachte meine Moralvorstellungen ziemlich durcheinander, als sich in der Sekunda herumsprach, unser hochgeschätzter Deutschlehrer, der Studiendirektor M., habe ein außereheliches Kind mit einer jüngeren Frau, die vor Jahren seine Schülerin gewesen sei. Ein Seitensprung, von einer integeren Persönlichkeit wie Herrn M. begangen, konnte nichts ganz und gar Verwerfliches sein, eher eine schicksalhafte Versuchung, der ein Mann in einem bestimmten Alter zwangsmäßig erliegen musste. Besonders, wenn er nicht glücklich verheiratet war, woran er persönlich natürlich keine Schuld trug. Ich bedauerte diesen gefallenen Engel, fand aber gleichzeitig sein Abenteuer verlockend. Die Sünde musste etwas ungeheuer Glückhaftes sein, wenn von ihr eine solche Faszination ausging. Ob meine Klassenkameraden ähnlich dekadente Gedanken hegten, weiß ich nicht. Schon zu flüstern, Herr M. habe ein uneheliches Kind, galt damals als anstößig. Noch mehr Worte darüber zu machen wäre schmutzig gewesen und verbot sich. Wir kannten ja nicht mal das Wort Sexualität. Und was ging in den Mädchen vor, deren Sittsamkeit selbstverständlich und über jeden Zweifel erhaben war? Könnte es sein, das diese oder jene, wenn sie die Augen senkte, davon träumte, selber die von Herrn M. Beglückte zu sein? Wobei zwischen Vorstellung und Ausführung, zwischen Sehnen und Erfüllung alle möglichen Welten liegen. Außerdem erwärmt einen in jener spätpubertären Phase des Schwärmens, ehe man sich an einem Feuer verbrennt, meistens schon ein neues.

Bei manchen Menschen scheinen erotische Phantasien ein Leben lang die wahre Liebeserfüllung zu ersetzen. Es ist noch nicht lange her, da schwärmte eine Dame Ende dreißig auf einer Feier in der Nachbarschaft von den Hüften und dem „knackigen Hintern“ ihres Dozenten in der Volkshochschule. „Wenn der an der Tafel steht, träume ich davon, seine Hüften zwischen meinen Schenkeln zu spüren“, raunte sie ihrer Tischnachbarin zu, schloss die Augenlider und seufzte. Wenn das bei Frauen so ist, Schwerenot, dachte ich, brauchst du dich deiner gelegentlichen erotischen Phantasien nicht zu schämen. Vor der Welt zählt der Mensch, wie er sich ihr zeigt. Das Chaos hinter seiner Stirn geht niemand was an.

Seit es Internet gibt, wird mehr als je offenbar, wie viel Chaos sich hinter wie vielen Stirnen verbirgt. Und bei der Zerschlagung eines weltweiten Kinderporno-Ringes wird zum Entsetzen aller hervorgehoben, ihm gehörten auch Lehrer an. Hat man etwa geglaubt, für Pädophile sei der Lehrerstand tabu? Die Sorge, er sei für sie besonders anziehend, ist allerdings nicht begründet und leicht durch Gegenargumente zu entkräften. Fest steht: Sexueller Missbrauch von Kindern ist ein schweres Verbrechen und muss bestraft werden. Noch besser wäre, es zu verhindern und aus der Welt zu eliminieren. Wie aber soll das geschehen, wenn es Pädophilen offenbar nur selten gelingt, ihre verhängnisvolle sexuelle Prägung beherrschbar zu machen?

Kinder im vorpubertären Alter geben in der Lauterkeit ihres Denkens, in ihrer Aufgeschlossenheit und ihrem Wissensdrang häufig ein harmonisches Bild ab, das in den Lehrerzimmern bewundernd mit „ein klasse Junge“ oder „ein tolles Mädel“ kommentiert wird. Fleiß und Ordnungsliebe der Mädchen sind geradezu sprichwörtlich. Wenn ich so „ein Bild von einem Mädchen“ in der Klasse hatte, fiel mir ein Gedicht von Heinrich Heine ein:

Du bist wie eine Blume, so hold, so schön und rein;
Ich schau dich an, und Wehmut schleicht mir ins Herz hinein.
Mir ist, als ob ich die Hände aufs Haupt dir legen sollt,
betend, dass Gott dich erhalte so rein und schön und hold.

Ja, Wehmut. Mir ist, als ob ...

Lissy brauchte keine pathetischen Zitate, um ihre Empfindungen auszudrücken. „Wenn ich so ein Mädchen sehe“, sagte sie einmal, „muss ich weinen.“

Um zu Herrn M. zurückzukehren: Immer wenn er daherkam, aufrecht und kraftvoll, im Trenchcoat oder in flotter Wildlederjacke, den strahlenden Blick nach vorn gerichtet, immer lag ein Schatten um ihn. Wie mir später bewusst wurde, war es nicht der vermeintliche Makel, der ihm anhaftete, sondern eine Traurigkeit, die ihn umfangen hatte und mit ihm einherging. Seine Autorität blieb unangetastet. Wenn er Gedichte oder Kurzgeschichten vortrug und seine Blicke vom Buch hob und auf uns richtete, war es, als sehe er in unser Innerstes und könne die Wirkung der Worte dort ablesen.

Aber warum drängt sich der gute Herr M. in meine Erinnerung, wenn ich von Marlene erzähle, die sich auf den Bauch drehte und mir zuflüsterte: „Du, Schwerenot, könntest du mir bitte den Rücken eincremen!“ Darauf hatte sie bisher gelegen und die Beine angewinkelt. Noch heute sehe ich ihren makellosen Körper, wie hingegossen, den Kopf mit dem kastanienbraunen Haar nach hinten gebogen, die Augen vor der Sonne verschlossen, mit dünnen Lidern, über die manchmal eine leichte Bewegung glitt, als habe ein Windhauch sie gestreift. Nun drehte sie sich um, und ich verrieb die Sonnenmilch auf ihrem Rücken. „Du kannst ruhig den BH aufknöpfen, dann geht es besser." Ich fühlte augenblicklich, wie das Blut mir durch alle Adern schoss. Aber was war schon dabei, hier, vor jedermanns Augen, Marlenes Rücken einzureiben? Wenngleich mich dieser, indem meine Hände von den Schultern über die sanfte Senke zu ihren Hüften glitten, in wundersame Spannung versetzte. Ich spürte das Verlangen, den Ansatz ihres Busens zu streifen, der in den beneidenswerten auf dem Gras liegenden Schalen ruhte. Aber das verbot sich, zumindest an diesem Ort. Nie und nimmer sollte mir jemand nachsagen können, mich im Dienst jenseits der Legalität bewegt zu haben.

„Gut machst du das, Schwerenot", flüsterte Marlene, „deine Hände ..." Sie sprach nicht weiter, seufzte nur leise, und ich fühlte, wie sich ihre Haut im Erregungsschauer zusammenzog.

„Weißt du was ...", flüsterte ich.

„Sag es schon!", forderte sie, doch ich antwortete:

„Ach, nichts!"

Nach einer Weile fragte sie: „Hast du was dagegen, wenn ich jetzt schon in die Herberge auf mein Zimmer gehe? Ich bin so müde.“

„Du ruhst dich doch auch hier aus“, sagte ich.

„Aber ich möchte richtig schlafen“, meinte sie, „wenigstens mal ein Stündchen. Du könntest mich wecken, wenn du mit der Klasse zurück bist. Ich muss dich sowieso noch was fragen.“

„Frag doch jetzt!“

„Ach nein, nachher.“ Den Kopf halb zu mir gewandt, glomm es geheimnisvoll in der Tiefe ihrer braunen Augen. Sie lächelte mich an, vielsagend, verschwörerisch. Aber vielleicht empfinden Männer wie ich das Lächeln einer begehrenswerten Frau immer so. Vom Reiz eines harmlosen Flirts habe ich nie etwas verspürt.

„Komm rein!“, rief sie mit halblauter Stimme, als ich nach zwei Stunden an die Tür ihres Zimmers klopfte. Sie lag auf dem Rücken. Die Decke war zur Seite geschoben und gab die linke Brust zur Hälfte frei. Weiter unten leuchtete ein Zipfel vom Dreieck ihres rosaroten Bikinis.

„Ach, ich bin noch so müde!“, sagte sie und räkelte sich.

Wie sie dabei die Arme streckte, war ich schon an ihrem Bett, streifte die Sandalen ab und legte mich zu ihr. Sie schloss die Augen, erwiderte meinen Kuss und als ich ihre Brüste streichelte, wuchsen die samtbraunen Knospen hervor und drängten hart gegen meine Handfläche. Ich bin sicher, sie war wie ich voller Lust, aber dann, als meine Finger schon über die Innenseite ihrer Schenkel fuhren und den Saum des rosaroten Fetzens Stoff antasteten, schob sie mich mit einem Male sanft, aber entschieden zurück.

„Es hat keinen Zweck, Schwerenot!“, flüsterte sie.

„Warum nicht, Marlene? Jetzt, wo es so schön ist?“

„Eben darum“, antwortete sie, sah mir in die Augen – eine unerklärliche Traurigkeit lag in ihrem Blick - und ihre Fingerkuppen streiften zärtlich über meine Lippen. „Wir wollen uns nicht alles kaputt machen“, fügte sie hinzu.

Oftmals in meinem Leben stieg diese Situation vor mir auf und ich fragte mich, ob ich in jener Stunde die Erfahrung höchsten Glücks versäumt hatte oder vor einem sündhaften Fehltritt bewahrt worden war. Etwa gar vor einer Enttäuschung? Denn wahrscheinlich ist dieses „höchste Glück“, das die Menschen suchen, ganz woanders zu finden. Womöglich kann man ihm nur nahe kommen. Oder es gibt es gar nicht. Das wäre eine glaubhafte Erklärung dafür, warum sie ihm alle nachjagen wie einem Phantom.

Dass Marlene mich zurückwies, sollte mir allerdings wegen eines pikanten Umstandes noch besonders zu schaffen machen. Sie erbat nämlich für die folgende Nacht Urlaub, weil sie sich mit einem guten Bekannten verabredet habe. Am nächsten Morgen erschien sie übernächtigt zum Frühstück.

Meinen fragenden Blick beantwortete sie, indem sie die Augen niederschlug und seufzte. Sie griff vertraulich nach meinem Arm.

„Sei mir nicht böse, Schwerenot, heute Nacht, es war toll - ich brauchte das einfach."

„Und das vor deiner Hochzeit?", bemerkte ich boshaft.

Sie nickte.

„Und mit mir, gestern Abend ...?", fragte ich, wobei der Verdacht in mir wuchs, nur zu einem Probelauf gedient zu haben.

„Ach Schwerenot, mit dir, das ist doch was ganz anderes", antwortete sie.

Und vergib uns

Nur ein kleines Licht zu sein oder weniger als das müsste mich eigentlich von den Schuldvorwürfen entlasten, die ich mit mir herumschleppe. Strafrechtlich relevanter Vergehen habe ich mich nicht schuldig gemacht. Das wäre auch schrecklich, wo mir schon die kleinen Sünden, die ich mir aufgehalst habe, so zu schaffen machen. Und jeden Abend, wenn ich trotz meiner Zweifel an der Existenz Gottes das Vaterunser daherbete, springen mir einige ins Gedächtnis. Vielleicht sind sie nur eine Folge des überhöhten moralischen Anspruchs, den ich an mein pädagogisches Handeln stelle. Ach, Schwerenot, wer bist du denn, dass du dir einbildest, deine Fehler oder deine Vorzüge hätten irgendeinen Stellenwert für den Werdegang deiner Zöglinge gehabt? Schmink dir das ab! Wie es andere tun! Andere, die sich wahrscheinlich größere Fehler vorzuwerfen hätten, wenn sie nur darauf kämen, nach ihnen zu suchen!

Aber so einfach sich herausmogeln geht nicht. Und das nachträgliche Jammern ist keine Entschuldigung. Aus eigener Schulzeit weiß ich doch, wie „pädagogische Maßnahmen“ in der Psyche des Betroffenen nachwirken. Zwei Ohrfeigen habe ich insgesamt bekommen, was für damalige Verhältnisse wenig ist. Eine als Achtjähriger. Da ging ich jenseits des Schulhofzauns auf der Dorfstraße an der Kapellenschule vorbei, in der „die Großen“, die Kinder von Klasse fünf bis acht, unterrichtet wurden. Lehrer K., der mit einer Kollegin vor der Schultür stand, rief mich zu sich und knallte mir ohne Vorwarnung eine Breitseite auf die Wange, dass ich zur Seite flog und mir Hören und Sehen verging.

„Weißt du, warum du die gekriegt hast?“

Ich wusste es nicht, erriet es aber zu meinem Glück, als er bereits die Hand für die andere Backe erhoben hatte: „Vielleicht, weil ich nicht gegrüßt habe?“

„Aha!“, sagte er. „Dann weißt du ja demnächst Bescheid.“

Klein und gedemütigt fühlte ich mich damals. Wir hatten gerade erst gelernt, nicht mehr mit „Heil Hitler“ zu grüßen. Da mir jener Lehrer aber als schneidiger Nazi-Uniformträger in Erinnerung war, muss mir das noch ungewohnte „Guten Morgen“ durch eine gedankliche Sperre blockiert gewesen sein. Ob der gruß- und schlagversessene Pädagoge seiner Kollegin imponiert hat? Er wurde ein Jahr später versetzt. Man sagte, das habe mit seiner Entnazifizierung zu tun. Man sagte auch, seine Frau sei übergeschnappt.

Mancher weiß noch ein Klagelied davon zu singen, wie die Lehrer früher geprügelt haben. Selbst die lieben Eltern schlugen mit Knüppel und Lederriemen drauflos, was das Zeug hielt. Sie hätten auf diese Weise eigene innere Spannungen abreagiert oder sadistische Neigungen ausgelebt, heißt es.

Einen geistig unterbelichteten Tunichtgut jagte in erwähnter Kapellenschule der Hauptlehrer mit dem Stock über Tisch und Bänke. „Herr Lehrer, hab' dünn Höschen an!“, schrie der Verfolgte fortwährend. Seine Prügel bekam er trotzdem.

Ohren verdrehen, Kopfnüsse verteilen, auf die Finger schlagen: Was haben sie sich dabei nur gedacht, „die Lehrer“?

Man könnte lachen, wenn es nicht so traurig wäre. Mein Vetter Edward bekam es von einer alten Schrulle mit dem Knüppel auf die Finger, weil er seinen Namen nicht richtig schreiben könne. „Das heißt nicht Edward, das heißt Eduard!“, versuchte sie ihm auf diese Weise einzubläuen. Kein Wunder, dass der Gute bis heute unter seinem Namen leidet.

Bei mir war die Wirkung anders. Sobald ich einen Lehrer nur von weitem erblickte, verschwand ich schnell um die nächste Ecke. Meine zweite Ohrfeige bekam ich, weil ich den Unterricht gestört, das heißt geschwätzt hatte. Die konnte ich noch halbwegs akzeptieren, obwohl eine mündliche Ermahnung bei mir zur Disziplinierung ausgereicht hätte. Aber Schlagen geht schneller als Reden und ist abschreckender. Gehasst habe ich auch diesen Lehrer. Umso weniger kann ich mir verzeihen, in den sechziger Jahren, als die körperliche Strafe noch nicht ausdrücklich verboten war, selber ein paarmal geohrfeigt zu haben. Kommt zu mir, Rudi und Klaus und Freddy! Ich halte euch meine zerfurchte Wange hin. Schlagt zu! Ich habe es verdient. Ach so, einen alten Mann schlägt man nicht? Aber einen jungen Menschen auch nicht! Nun gut, Reue kommt oft zu spät. Ich schmore so oder so in meinen Schuldgefühlen. Auf ein paar mehr oder weniger kommt es nicht an.

Voriges Jahr erzählten auf einem Klassentreffen nach dreißig Jahren meine ehemaligen Schüler davon, wie ich im 8. Schuljahr Mörikes „Feuerreiter" vorgetragen habe. „Den vergessen wir nie", hörte ich sie sagen und wollte mich schon geschmeichelt fühlen, denn im Rezitieren von Gedichten und Balladen war ich einmal Spitze. „Der Harald hat dauernd dazwischengeredet. Sie haben ihn ermahnt, aber als er immer noch gestört hat, sind Sie aufgestanden und haben ihm eine Ohrfeige gegeben. Da war alles still." O weh, o weh!

Einem armen Schwachkopf im 4. Schuljahr haute ich eine runter, weil er im Unterricht mit seinem Nachbarn darüber diskutierte, wie lang und dick der Penis des lieben Gottes sei, und dabei auf gigantische Ausmaße kam. Es wäre besser gewesen, ich hätte diesen „fruchtbaren Moment im Bildungsprozess" aufgegriffen. Was sie dann aber im Dorf erzählt hätten? Schon meinen Junglehrer-Kollegen Terwald hatten sie beim Schulrat angeschwärzt, weil er die Geschichte von Adam und Eva als Mythos bezeichnet hatte.

Darf ich mir zugute halten, es damals nicht besser gewusst zu haben und außerdem als junger Lehrer bei fünfzig und mehr Schülern in der Klasse überfordert gewesen zu sein? „Da nimmt man nicht die flache Hand, da nimmt man die Faust!“, riet mir ein älterer Kollege, als ich ihm von meinen Gewissensbissen nach einer verteilten Ohrfeige berichtete. Um eine solche sicher ins Ziel zu bringen, gab es unter Junglehrern den Tipp: „Links antäuschen, rechts zuschlagen!“

In einem Seminar zum Thema Strafe räumten selbst Gegner der körperlichen Züchtigung ein, eine Backpfeife könne durchaus beim Zögling Einsicht in sein Fehlverhalten bewirken; indem ihm nämlich gewissermaßen „schlagartig“ klar werde, warum er den Erzieher dazu gebracht hat, sich so gehen zu lassen. Allerdings ließe sich diese Einsicht zuverlässiger durch andere pädagogische Maßnahmen erzielen.

Eine Ohrfeige, die ich in meiner Anfangszeit als Lehrer einem permanenten Störenfried verpasste, will ich nicht verschweigen, weil sie mir eine ziemlich beschämende Erkenntnis vermittelte. Da erfuhr ich erst hinterher, dass der Störenfried der Sohn des Ortsvorstehers war und bekam einiges Muffensausen. Ja, wenn ich das vorher gewusst hätte! Dann wäre die Ohrfeige höchstwahrscheinlich unterblieben. Die Hemmschwelle zur Bestrafung eines Schülers sinkt nämlich mit seinem sozialen Status. Selbst in den prügelfreudigen Zeiten ließ sich kaum ein Lehrer dazu hinreißen, das Kind eines Kollegen oder eines Arztes oder eines Pastors zu schlagen. Und wäre mein Vater Ortsvorsteher gewesen und ich nicht zu jener Zeit Sohn einer geschiedenen Frau, hätte besagter Nazilehrer mir keine runtergehauen, da bin ich sicher.

Früher sollen Schulentlassene einem ungeliebten Lehrer im Dunkeln aufgelauert und ihm das Fell gegerbt haben. Wenn man sämtlichen Erzählungen von solcher Selbstjustiz Glauben schenkt, müssen überall in deutschen Landen geprügelte Lehrer umhergelaufen sein. Die „Prügelknaben der Nation“ sind sie ja auch heute wieder.

Durch das Verbot der körperlichen Züchtigung schützt der Gesetzgeber seit einigen Jahrzehnten Schüler wie Lehrer vor den unkalkulierbaren Folgen der „schlagartigen“ Erziehung. Mit deutscher Gründlichkeit untersagte er auch Strafarbeiten und negative Aussagen in den Zeugnissen. Sogar die Kopfnoten fielen weg. In den ersten Klassen der Grundschule wurden die Ziffernnoten durch ein Gutachten ersetzt, das Lernverhalten und –fortschritte erläutert. Zu Recht das alles, denn wie frustrierend muss zum Beispiel die Note Fünf in Mathematik für einen Erstklässler und dessen Eltern sein. Heute liest man stattdessen: „Wenn Martin fleißig übt, wird er noch lernen, im Zahlenraum bis 10 sicher zu addieren und zu subtrahieren.“ Hört sich weniger vernichtend an, ist es aber doch. „Annika lässt ihrem Äußerungsdrang freien Lauf." Heißt im Klartext: „Annika geht mir auf die Nerven und schwätzt dauernd dazwischen." Moderater ist die Formulierung: „... wird noch lernen, ihren Äußerungsdrang wirksam zu steuern." Bis zum dritten Schuljahr nehmen Eltern eine solche Kritik ihres Kindes meistens hin. In einem Zeugnis, das einer weiterführenden Schule vorgelegt werden muss, sind negative Aussagen jedoch tabu. Entsprechendes gilt für die späteren Bewerbungszeugnisse. „... macht seine Hausaufgaben unvollständig und flüchtig", „... schwänzt oft die Schule", „... zeigt kein Interesse am Unterricht" möchte wohl mancher Lehrer unter „Bemerkungen" seinem Schüler reinwürgen; geht aber nicht.

Apropos „reinwürgen": Ich erinnere mich an Jutta, ein intelligentes Früchtchen im zehnten Schuljahr: siebzehn Jahr, blondes Haar und Körperformen wie Veronica Feldbach. Sie machte neben ihrer Schönheit vor allem durch fehlende Hausaufgaben von sich reden und schwänzte häufig den Unterricht, weil sie, wie man genüsslich tuschelte, die Nacht mal wieder bei irgendeinem Freund zugebracht habe. Die schriftlichen Klassenarbeiten kriegte Jutta trotz ihrer nächtlichen Eskapaden passabel hin, und eigentlich hätte man ihr den Abschluss nicht verweigern können. Die Versetzungskonferenz vertrat jedoch mehrheitlich die Auffassung, ein Exempel statuieren zu müssen. Die Schülerin sei der Lehrerschaft ein Jahr lang auf dem Kopf herumgetanzt. Man könne sie für ihr schlechtes Arbeitsverhalten unmöglich noch belohnen. Also bekniete man die zögerliche Kunstlehrerin, etliche fehlende Zeichnungen als „nicht erbrachte Leistung“ zu werten, was im Fach Kunst die Note „mangelhaft“ zur Folge hatte und insgesamt den Notendurchschnitt unter den für ein Abschlusszeugnis erforderlichen herabdrückte. Ich kannte besagte Jutta nur aus einigen Stunden Vertretungsunterricht. Sie saß ziemlich vorn, hatte den oberen Knopf ihrer Bluse aufgeknöpft, und als ich sie anschaute, fuhr sie mit der Zunge wie beiläufig über ihre Lippen. Mannomann, Schwerenot! Weißt du wirklich nicht mehr, wie du damals abgestimmt hast? Bist du etwa auch für das Exempel gewesen – wie im Mittelalter, als man die Hexen verbrannte und für die sündhaften Gedanken büßen ließ, die sie bei ihren Mitmenschen geweckt hatten?

Gerade heute, als wir nach dem Abendessen in der Gesindestube noch ein Weilchen fachsimpeln, erzähle ich Heike Jolant diese Geschichte. Sie druckst ein bisschen und meint:

„Ich habe da selber eine bittere Erfahrung machen müssen.“

Und dann erzählt sie: von ihrem Professor im Hauptfach, einem reichlich ergrauten hilfsbereiten Herrn, der sich sehr um seine Studenten und mehr noch um seine Studentinnen bemühte. Ihre Examensarbeit hatte der Professor mit Eins bewertet. Als sie in seinem Zimmer die Themen für die mündliche Prüfung mit ihm besprechen wollte und dabei auf die Nervosität hinwies, mit der sie stets zu kämpfen habe, stand der alte Bock auf, tätschelte ihre Wange und schnurrte vertraulich: „Das werden wir zwei schon schaffen." Sie hatte sich ihm befremdet entzogen, wofür er in der Prüfung von den abgesprochenen Themen abwich und sie voll auflaufen ließ. Weder der zweite Prüfer noch der fachfremde Vorsitzende bemerkten das schäbige Spiel. Sie bekam eine knappe Drei.

„Eine Drei ist doch in Ordnung", sage ich.

„Damit sind Sie heute schon abgestempelt: unbrauchbar", antwortet sie. „Zum Glück schnitt ich in den anderen Fächern besser ab und bekam in der Gesamtnote doch noch eine Zwei."

„Na, sehen Sie", sage ich. „Und da Sie sich in Ihrem Referendariat so prächtig schlagen, brauchen Sie im Hinblick auf Ihre zweite Prüfung keine Sorgen zu haben!"

Sie strahlt mich an. „Sehr nett von Ihnen. Sie sind immer so kritisch. Ein Lob von Ihnen bedeutet mir viel."

Au Backe, was soll ich darauf antworten? Über das Loben oder 'positive Verstärken', wie die Pädagogen sagen, habe ich in den letzten Jahren oft nachdenken müssen. Mir ist nämlich klar geworden, welcher Versäumnisse ich mich auch auf diesem Feld schuldig gemacht habe. Ich bin im Unterricht immer darauf aus gewesen, Leistung einzufordern. Vom stundenlangen Diskutieren mit Halbstarken habe ich so wenig gehalten wie vom Rumgehüpfe der Lernanfänger auf alten Matratzen beim sogenannten „kindgerechten Schulanfang". Wer mich als Lehrer hatte, sollte später sagen können: „Bei dem haben wir was gelernt."

Nicht ganz verkehrt, Schwerenot, wie die Diskussion nach PISA und IGLU zeigt. Aber du bist zu kritisch gewesen, zu ungeduldig. Durch die Anerkennung einer Leistung wächst die Bereitschaft zu neuer Anstrengung, wachsen Mut und Vertrauen in die eigenen Fähigkeiten. Wer nicht anerkannt wird, wer nur negative Kritik erfährt, sucht sich ein anderes Feld zu seiner Bestätigung und gerät dabei leicht auf abschüssiges Gelände. Freilich muss man auch lernen, mit Niederlagen umzugehen; man braucht nur an die unzähligen erfolglosen Stellenbewerbungen zu denken, die viele Schüler schreiben. Angesichts der Absagenflut nicht an sich zu zweifeln, setzt ein starkes Selbstbewusstsein voraus. Es aufzubauen, das Vertrauen in die eigene Kraft zu fördern, wäre eine wichtige Aufgabe der Schule.

„Loben" heißt das Zauberwort. Nicht wahr, Schwerenot, das hast du doch an dir selbst erfahren?

Klar, habe ich. Und das ganze Leben von diesen wenigen

Erfolgserlebnissen gezehrt, die ich hatte. „So weiter!“, schrieb der Dozent, der mich im Stadtschulpraktikum betreute, unter meinen Praktikumsbericht. Nach einem Misserfolgserlebnis und zermürbenden Selbstzweifeln eine wahre Befreiung, ein Ansporn, ein ermutigendes Signal, eine Fanfare! Es ging voran.

Ich habe diese Bemerkung selber einige Male unter ordentliche Schülerarbeiten geschrieben. Ob sie je eine ähnliche Wirkung gehabt hat wie bei mir?

Unkritisches Loben, etwa ein laufend wiederholtes „Gut!“, verliert natürlich seine Wirkung. Trotzdem: Wenn ich noch mal von vorn anfangen könnte, würde ich viel häufiger loben. Vielleicht hätte manch einem, aus dem nichts geworden ist, ein Lob am rechten Ort geholfen, das Leben zu meistern.

Ich will annehmen, dass der Professor, von dem Heike Jolant berichtet, ein Einzelfall ist. Und was die Noten betrifft, so zählen die aus den Lehrerprüfungen je nach Stellenbedarf mal weniger, mal mehr.

„Heute musst du schon mit Eins abschließen, wenn du eine Stelle kriegen willst“, sagte Klebricht zu mir.

„O weia, unter dieser Voraussetzung wäre ich nie Lehrer geworden“, erwiderte ich. „An der Eins bin ich immer vorbeigeschrammt.“

„Stell dir vor, was für einen Verlust die Menschheit gehabt hätte!“, frozzelte er.

Die Notengebung in der Schule war schon immer ein schwieriges und von Ungerechtigkeiten begleitetes Geschäft. Am einfachsten funktionierte sie noch im Fach Musik. Da mussten wir früher einzeln für das Zeugnis vorsingen. Wenn einem Sänger die Aufregung auf die Stimme schlug, hatte er Pech; die Notengebung war jedenfalls transparent.

Man frage in der Grundschule verschiedene Lehrer, die Sachunterricht erteilen – nicht alle sind dafür ausgebildet -, wie sie die Zeugnisnoten in diesem Fach begründen. Auch in den Fächern Deutsch und Kunsterziehung hat jeder Unterrichtende seine eigenen Beurteilungsmaßstäbe. In den weiterführenden Schulen ist das nicht anders.

„An unserer Schule", so Breitseidel, „gibt es Kolleginnen und Kollegen, die gut daran täten, die Noten auszuwürfeln. Dann wüsste man wenigstens, wie sie zustande kommen."

Wenn es sein muss, wird unverhohlen manipuliert. Eine Hauptschule, die eine Klasse vom Typ 10 B einrichten will und dazu eine bestimmte Zahl von Schülern mit besonderen Leistungen braucht, wird diese auch zusammenbekommen. Oft stehen Schulen oder Schulformen untereinander im Konkurrenzkampf. Wer die besseren Noten gibt, hat den besseren Ruf.

Wirtschaft und Industrie verlassen sich deshalb lieber auf ihre eigenen Einstellungstests. Auf die Schulnoten geben sie wenig. Zeugnisnoten sind nicht vergleichbar, nicht von Schule zu Schule, nicht von Land zu Land und, wie mir jüngst wieder bewusst wurde, nicht von den neuen zu den alten Bundesländern. Da berichtete die Ostseezeitung von der Entlassfeier einer Grundschulklasse, aus der die Hälfte der Kinder „mit sehr guten und guten Noten zum Gymnasium“ gehe. Auf einem Bild ist Lisa zu sehen, die sieben Einsen und zwei Zweien im Zeugnis hat. Klassenbester Falk hat eine Zwei und sonst alles Einsen. Da kann ich nur herzlich gratulieren. Meine ehemaligen Schüler aber muss ich bitten: „Verzeiht mir!“ Die Einsen, die ich in meinem Lehrerleben im Zeugnis gegeben habe, lassen sich an den Fingern einer Hand abzählen.

Ich muss ein schlechter Lehrer gewesen sein!

Der Bunte Abend

Auch für meinen letzten Aufenthalt auf Thronstein habe ich einen Bunten Abend vorbereitet. Als Lissy noch bei mir war, half sie, die Spiele auszusuchen und die notwendigen Utensilien bereitzulegen. Sie kaufte Süßigkeiten, Bananen und sonstigen Kleinkram als Preise für die Gewinner und Trostpflaster für die Verlierer.

Ich beginne mit „Ringsuchen“, obwohl es schwierig ist, in der spärlich eingerichteten Gesindestube einen Fingerring zu verstecken. Man soll ihn sehen können, ohne etwas wegräumen zu müssen. Schrankschlüssel, Scharniere, Fenstergriffe und Wasserhähne sind gut geeignet, dem Ring Tarnung zu geben. Die Gruppe zieht suchend im Raum umher. Lena entdeckt als Erste den Ring, ich sehe es an ihrem Gesichtsausdruck. Fast hätte sie „Da! Da!“ geschrien, aber vor solcher Reaktion habe ich vorher gewarnt. Sie fasst sich also, dreht noch eine Runde und flüstert mir das Versteck zu. Richtig: oben auf der Flasche, die rein zufällig im Wandregal steht. Lena darf sich setzen. Nach und nach folgen die anderen.

Früher nahm ich für dieses Spiel meinen Ehering. Leider kam mir der abhanden, als ich zum ersten Mal wegen meinem Knie im Krankenhaus lag. Ob er aus dem Nachttisch gestohlen wurde oder auf den Boden fiel und in einer Staubsaugerdüse verschwand, ließ sich nicht ermitteln. Es war ein halbes Jahr vor Lissys Weggang. „Du hast den Ring doch sowieso immer abgenommen, wenn du zu Tagungen mit den hübschen Lehrerinnen gingst!", bemerkte sie zynisch. Ich aber fror seitdem an der linken Hand. Und seit Lissy weg ist, friere ich am Herzen.

„Wer bin ich?" ist ebenfalls gut geeignet für den Auftakt. Jedem Mitspieler wird ein Pappschild mit dem Namen einer bekannten Persönlichkeit auf den Rücken geheftet. In lockerer Unterhaltung von einem zum anderen gehend, versucht er herauszufinden, wer er ist. Einige Kids fühlen sich plötzlich wie bei einem gesellschaftlichen Empfang und üben fleißig die Höflichkeitsanrede.

„Haben Sie mich schon mal gesehen?"

„Nicht persönlich, mein Herr, im Fernsehen aber beinahe jeden Tag."

„Und Sie, haben Sie auch von *mir* gehört?" Ja, habe ich, obwohl es Sie in Wirklichkeit gar nicht gibt."

Wer seinen Namen erraten hat, darf sich setzen.

„Woher haben Sie die Spiele?", fragt Heike, als sie mein Konzept studiert.

„Woher? Aus dem Kollegium. Oder von Tagungen. Oder von den Kindern. Die erzählen hin und wieder, was sie in der

Jugendgruppe für tolle Spiele machen. Und in der Lehrerbücherei steht eine Sammlung von Roland Gööck[1]."

„Ich war auch in einer Jugendgruppe", erzählt sie. „Eine schöne Zeit. Und am Schluss sangen wir: 'Nehmt Abschied, Brüder, ungewiss ist alle Wiederkehr'. Huch, da läuft mir noch heute ein Schauer über den Rücken."

„Sieh mal an", sage ich nur.

Wir sitzen im Kreis.

„Armer schwarzer Kater?"

Einige kennen das Spiel, wollen gleich der schwarze Kater sein. Für Entscheidungen dieser Art habe ich eine Flasche dabei. Wer hat Blumendienst? Wer putzt die Tafel? Wer sammelt das Geld ein? Wer liest vor? Wer ist Spielleiter? Wer fängt an? Ganz einfach, wir drehen die Flasche.

Bevor der „arme schwarze Kater" anfängt zu gähnen, schicken wir ihn ins Körbchen. Jetzt ein lustiges Lied! „Drei Chinesen mit dem Kontrabass"? „Auf der Mauer, auf der Lauer"? „Mein Hut, der hat drei Ecken"? „Hans Nases Fahrrad"?

„Herr Schwerenot, in Musik haben wir ein neues Lied ..."

„Na gut, singt es mir vor!"

---

[1] Roland Gööck: Das große Buch der Spiele, Mosaik-Verlag, München 1979

Auf zur „Reise nach Jerusalem“! Nicht, ohne zur Vorsicht zu mahnen! Die Kinder marschieren im Kreis, Rolli ausgenommen, der seinen verstauchten Fuß schonen muss. Ich dudele auf der Mundharmonika Wanderlieder, breche irgendwo ab. Alle versuchen, einen Stuhl zu erhaschen, was zunehmend schwieriger ist, denn in jeder Runde wird einer ausrangiert oder einfach besetzt. Gottlob, es geht ohne Blessuren ab.

Ich erzähle Heike von der „Fütterung der wilden Tiere“, einem Spiel, das ich nur ein einziges Mal im Programm hatte. Jeder Mitspieler im Kreis bekam verdeckt einen Zettel, auf dem der Name eines Tieres stand. Jeweils zwei Zettel, erklärte ich, enthielten den gleichen Namen. Ich legte ein Bonbon in die Mitte und rief: „Gefüttert werden die - Löwen!“ Ralf und Axel stoben zur Mitte. Axel war schneller, krallte sich die Beute. Ich rief die Elefanten auf und danach: „Jetzt die - Affen!“ Da stürzten alle anderen zur Futterstelle, purzelten durcheinander – ein wildes Tohuwabohu!“

Heike strahlt mich an. „Weil auf allen Zetteln ... toll!“

„Ja toll!“, sage ich. „Denn zwei Burschen hielten sich den Schädel. Einer von ihnen, Markus, hatte eine Gehirnerschütterung, und ich durfte ihn hinterher im Krankenhaus besuchen.“

„O Gott!“, seufzt Heike.

„Dem war ich dankbar, dass Markus' Eltern Verständnis

für mich aufbrachten. 'Wir kennen doch unseren Sohn!', sagten sie, als ich mich entschuldigte."

Bevor wir mehrere Kinder um die Wette Luftballons aufblasen lassen, müssen wir die Gesellschaft zur Ruhe bringen.

„*So* gibt der Schneider die Schere weiter?", sagt Heike. Die Schere wandert von Hand zu Hand im Kreis herum, jeder sagt sein Sprüchlein, aber Heike schüttelt stets den Kopf. Als sie wieder an der Reihe ist, schlägt sie beim Weitergeben der Schere deutlicher als zu Beginn der ersten Runde die Beine übereinander. Aha, einige haben es kapiert. Langsam kommen auch die anderen dahinter.

Personen nur an Nasen oder Füßen zu erraten, dürfte schon den Neandertalern Spaß gemacht haben.

Heike verbindet Jan die Augen. Er soll mit Hilfe von zwei hölzernen Kochlöffeln ertasten, wer vor ihm auf dem Stuhl sitzt. In fröhlicher Tanzschulrunde dürfen auf diese Weise und mit gleicher Aufgabenstellung die Herren bisweilen die Knie der vor ihnen sitzenden Damen betasten. Ohne Kochlöffel versteht sich. Warum war ich nie in einer Tanzschule?

Ein Pfänderspiel gefällig? „Schnapp hat den Hut verloren"? Ein ziemlich alter Hut, aber für ein paar Runden noch zu gebrauchen. Fetziger ist „Kommando Pimperle". Dazu müssen wir uns an einen Tisch setzen. Die Spielleitung übernimmt wieder Heike. Auf „Kommando Pimperle!“ trommeln alle mit den Zeigefingern gegen die Tischkante. Bei „Kommando hoch!“ werden die Hände auf die Handkante gestellt und bei „Kommando flach!“ mit der Handfläche nach unten auf den Tisch gelegt. Bei „Kommando Faust!“ und „Kommando Turm!“ sind Fäuste gefordert, einmal horizontal und einmal vertikal auf der Tischfläche ruhend. Tücke dabei: „Der jeweilige Befehl gilt nur, wenn er mit „Kommando“ eingeleitet wird. Trotz einiger Probedurchgänge kämen im Nu zwei Dutzend Pfänder zusammen. Wir begrenzen jedoch die Zahl auf sieben oder acht, weil sich das Einlösen sonst zu lange hinzieht. Das Spiel „schockt“ auch ohne Pfandgeben.

Ebenso „Der wandernde Groschen“, ein Spiel, das Henning vorschlägt. Zwei Mannschaften sitzen sich gegenüber. Die Kinder auf der linken Seite geben unter dem Tisch ein Geldstück weiter. Wenn Henning, der als Spielleiter fungiert, „Groschen!“ ruft, muss das Geldstück bleiben, wo es gerade ist. Bei „Komm!“ müssen alle – bei geschlossenen Fäusten - ihre Ellenbogen auf den Tisch stützen und bei „Her!“ die Hände flach auf die Platte klatschen. Die Kinder rechts sollen am Geräusch herausfinden, wer das Geldstück hat. Wie bitte? Es gibt keine Groschen mehr? Dann sagt halt „Euro“.

Nun werden Typen gesucht, die Spaß vertragen können. Für den „Flaschentanz“ wähle ich Dennis aus. Er soll mit verbundenen Augen über etliche aufgestellte Flaschen schreiten, ohne sie umzustoßen. Einmal darf er sehenden Auges üben. Während ich ihm mit einem Schal die Augen verbinde, räumen Gülden und Steffi lautlos die Flaschen beiseite. Dennis schreitet zur Tat, locker geführt und angeleitet: „Achtung, die nächste Flasche! Ja, wunderbar! Gut so!“ Wie ein Storch stelzt er über die vermeintlichen Hindernisse und erhält zum Schluss tollen Applaus, als er beim Betrachten des Parcours erkennt, wie er hereingelegt wurde.

Wer möchte eine Münze auf der Stirn balancieren? Einige melden sich und werden vor die Tür geschickt. Warum eigentlich? Sarah kommt als Erste, nimmt auf einem Stuhl Platz und Heike drückt ihr eine Münze, die sie zuvor in kaltes Wasser gehalten hat – „damit sie besser kleben bleibt“ – auf die Stirn. Sarah dreht, Kopf und Blick nach oben, behutsam eine Runde um den Stuhl. Sie bekommt Beifall und will die Münze abnehmen. Die ist gar nicht da. Heike hat sie beim Aufdrücken gleich wieder weggenommen. Von etlichen Gegenständen auf dem Tisch – Bleistift, Taschenmesser, Schlüsselbund ... - haben wir einen elektrisch aufgeladen. Das wenigstens erkläre ich Lukas. Er soll alle anderen Gegenstände wegnehmen, diesen einen aber besser nicht berühren. Sobald sich Lukas ihm mit den Fingerspitzen nähert, schreit die ganze Gesellschaft: „Ha!“ und Lukas zuckt mit der Hand zurück, wie elektrisiert.

Bei Hauptschülern im 9. Schuljahr hatte ich den „Tellerzauber“ im Programm. Der Raum wurde abgedunkelt. Nur eine Kerze brannte zwischen mir und der Probandin Sabine, von der wir, wie ich erklärte, in einem harmlosen Test herausfinden wollten, ob sie sich zur Hypnose eigne. Sie müsse mir nur alles genau nachmachen. Beide hielten wir einen Teller in der linken Hand, mit der anderen malte ich allerlei geheimnisvolle Linien in die Luft, laberte ununterbrochen, fuhr mit den Fingerkuppen über den Tellerrand, über das Gesicht, über die Unterseite des Tellers, über Stirn und Wangen – Sabine machte alles getreulich nach. Zum Schluss, blickte sie entgeistert in den Spiegel, den ihr Hiltrud vorhielt, und starrte ihr schwarz bemaltes Gesicht an. Der Teller, den sie gehalten hatte, war auf der Unterseite mit einer Kerzenflamme geschwärzt worden. Zugegeben: eins der härteren Anführspiele und nichts für Mimosen oder „Weicheier“, wie man heute sagt.

Man sollte Kinder nicht dazu zwingen, bei einem bestimmten Spiel mitzumachen, und auf Spiele verzichten, die zum Beispiel ein behindertes Kind einem seelischem Druck aussetzen könnten.

Mein Lieblingsspiel ist der „Pantomimenwettkampf“. Zwei räumlich voneinander getrennte Mannschaften schicken je einen Spieler zu mir. Ich nenne beiden zugleich ein Wort, das sie vor ihrer Gruppe pantomimisch darstellen sollen. Ist es erraten, läuft der zweite Spieler der Gruppe los, flüstert mir das Wort zu, und ich sage ihm das nächste. Da nicht alle Mädchen und Jungen darauf brennen, sich schauspielerisch zu betätigen, kann man die Zahl der Wörter entsprechend reduzieren. Jede Gruppe stellt zudem einen Aufpasser, der bei der anderen darauf achtet, dass nicht gemogelt wird. Was für Wörter ich wähle? Ach du liebe Zeit! Ich werde doch niemanden um das Vergnügen bringen, sie für seine Klasse selber auszudenken.

Könnte man vielleicht wie die Montagsmaler ... Könnte man, selbstverständlich!

„Nun wollen wir singen das Abendlied
... und beten, dass Gott uns behüt.“

Mit welcher Andacht sie singen, meine herrlichen hoffnungsfrohen Mädchen und Jungen! Man könnte fromm werden.

Mein letzter Bunter Abend mit einer Schulklasse ist zu Ende.

Die Heimfahrt

Frau Radebusch hat mir nach dem bunten Abend noch einmal Eiswürfel gebracht, sorgsam in ein Leinentüchlein gehüllt, und ich habe damit die anschwellende Stichwunde gekühlt.

Obwohl die Kinder in der Nacht Ruhe halten, liege ich lange auf meinem Lager und grübele. Irgendwann schlafe ich endlich ein. Noch ehe der Wecker piept, erwache ich. Türen schlagen. Stimmen schallen durch den Flur; gedämpft die einen, hemmungslos laut die anderen. Tritte, schlurfend oder tappelnd, signalisieren Bewegung zwischen dem Waschraum und den Zimmern. Ich werfe einen Blick in den Spiegel: O Schreck! Mein linkes Auge ist fast zugeschwollen, die Haut darunter dunkel angelaufen. *Wer den Schaden hat, spottet aller Beschreibung.* Was soll's, ich muss nach draußen! Noch im Schlafanzug eile ich auf den Flur. Stefan und Alex kommen mir entgegen, gestiefelt und gespornt, abreisefertig.

„Sind die anderen auch schon auf?“

„Nö, die meisten schlafen ... o je, Sie haben ja ein blaues Auge!“

„Habt ihr euch ordentlich gewaschen?“

„Sogar geduscht, Herr Schwerenot.“

„Gut, verhaltet euch ruhig!“.

Punkt sieben bin ich wieder zur Stelle und spiele auf meiner Blues-Mundharmonika ein Potpourri vom Feinsten. Es macht mir irre Spaß, denn die gute Akustik auf dem langen Flur gibt den Tönen Flügel. Sie schluchzen hinaus; mit den Händen moduliere ich den Schall, meine Zunge tanzt im Rhythmus über die Luftkanäle, und ich komme mir vor wie ein ganzes Orchester.

Als Monique noch im Kindesalter war, spielte ich auch ihr manchmal vor, und sie hörte mir zu. Nie sagte sie „schön“ und nie bat sie um eine Zugabe. Ich erzählte ihr Geschichten und sang sie in den Schlaf. Sie nahm das alles auf, dankbar oder geduldig, ich weiß es nicht mehr. Aber mit zehn sagte Monique, wenn ich zur Mundharmonika griff: „Papa, muss das sein?“ Und noch später hielt sie sich die Ohren zu oder ging aus dem Zimmer.

Ob die Schüler meine musikalischen Tiraden schätzen oder nicht, sie wachen jedenfalls auf und schlüpfen in die Pantoffeln. Ihnen beim Bettenabziehen und Rucksackpacken zuzuschauen ist phasenweise so, als ob man einen Film vom Beziehen der Zimmer rückwärts laufen lässt. Christoph sitzt im Bettbezug und findet nicht hinaus. Marc stopft seinen Krempel planlos in den Rucksack und stapft ihn mit den Füßen fest, damit er den Verschluss zu kriegt. Daneben wieder die Ordentlichen: sauber, akkurat, schnell – eine wahre Freude. Denen brauche ich nicht zeigen, wie die Decken gefaltet werden.

Nach dem Frühstück sage ich: „Stellt eure Sachen in die Vorhalle und sprecht ab, wer die Zimmer fegt. Auf meinem Kontrollgang will ich nichts mehr sehen, kein Fetzchen Papier! Bei den Mädchen schaut Frau Jolant nach."

Das Ergebnis solch klarer Anweisung ist entsprechend: Die Zimmer sind sauber und ordentlich. Ein Zupfer hier und da an einer Bettdecke, sonst alles im Lot. Sogar die Mülleimer sind leer, Donnerwetter!

Ich gehe in den Waschraum, die Burschen brav hinter mir her. Kein Grund zur Beanstandung. „Einwandfrei, ich muss euch loben!"

Der Toilettenraum daneben blitzblank. Vorsicht, der Boden ist noch feucht! Fast wäre ich ausgerutscht.

„Wer hat denn gesagt, dass ihr putzen sollt?"

Verdächtiges Schweigen. Da stimmt doch etwas nicht!

„Nun los, raus mit der Sprache!"

„Es ist ja nur, weil Sie gesagt haben, Sie wollten nichts mehr sehen!"

„Na und?"

„Der Matthias und der Michael haben den großen Mülleimer auf dem Flur nicht gleich gefunden, weil der hinter der Tür steht, und da haben sie ..."

„Was haben sie?"

„Den Müll ins Klo geschüttet."

„Ach du meine Güte! Das kann doch nicht wahr sein!“

„Als sie die Wasserspülung drückten, war das Klo verstopft.“

Die beiden Sünder stehen da und ziehen es vor, mich von unten herauf reumütig anzuschweigen.

„Weiter!“, fordere ich sie auf.

„Wir haben noch ein paarmal nachgespült, da ist das Wasser übergelaufen“, bequemt sich Michael.

„Und dann?“

Sie blicken mich unsicher an. „Dann haben wir den Jens gerufen“, sagt Matthias.

„Welchen Jens?“

„Den Herbergsvater.“

„Ach du grüne Neune, auch das noch! Warum seid ihr nicht zu mir gekommen?“

„Wir hatten Angst, es gibt Ärger“, druckst Michael.

„So, so.“ Für einige Atemzüge verschlägt es mir die Sprache. „Und was ... was hat der Jens gesagt?“

„Öh, eigentlich nichts. Er hat alles rausgeholt aus dem Klo, so mit der Hand, und danach hat er uns einen Stapel Putzlumpen gegeben.“

„Na toll“, sage ich. „Muss ein wahrer Menschenfreund sein, der Jens!“

Die Bengel strahlen mich an und nicken.

Wir sitzen auf den Bänken in der Vorhalle zwischen Taschen und Rucksäcken und warten auf den Bus. Heike und ich haben uns von Frau Radebusch verabschiedet. Ich bin noch ganz weg von ihrer Freundlichkeit.

„Die Schwellung am Auge ist nicht so besonders“, hat sie gesagt.

„Meistens sieht das viel schlimmer aus.“ Jens, ihr Mann, sei unterwegs. Er lasse schön grüßen, freue sich auf das nächste Mal.

„Für mich gibt es kein nächstes Mal“, sage ich. „Im Sommer höre ich auf.“

„Och, das tut mir aber Leid, ich meine, dass Sie nicht mehr kommen.“

„Das tut Ihnen Leid?“

„Ja, die Leute alter Schule haben so was Verlässliches. Die imponieren mir. Ich habe gern mit ihnen zu tun.“

„Die Leute alter Schule? Von denen haben wir früher auch gesprochen.“ Und zu Heike sage ich: „Keine Sorge, in dreißig Jahren gehören Sie ebenfalls zu denen.“

„O Gott, in dreißig Jahren, wer weiß, was dann ist!“

„Vermutlich wird dann genau wie heute über die Schule und über die Lehrer geschimpft.“

Heike nickt weise.

„Und über die Kinder, die immer schlimmer werden“, sagt sie.“

„Dann ändert sich ja im Grunde nichts", fügt Frau Radebusch hinzu.

Ich gebe ihr die Hand. „Jedenfalls war es schön bei Ihnen!"

„Danke, alles Gute!"

Wir warten also auf den Bus, der um halb elf kommen soll. Einige, die es nicht auf den Bänken hält, haben die Erlaubnis, vom Burgtor aus den Parkplatz zu beobachten, um die Ankunft des Busses zu melden. Die anderen räkeln sich träge zwischen den Gepäckstücken. Tina hat so lange daran gerückt und geschoben, bis sie neben mir sitzt. Heike auf der Bank gegenüber wirft mir einen bezeichnenden Blick zu: „Haben Sie bemerkt, wie sie sich angepirscht hat?" Plötzlich fühle ich Tinas Hand auf meiner. Dass einen Schulkinder anfassen, ist nichts Besonderes. Vielleicht wollen sie nur wissen, ob sich ein Lehrer überhaupt anfühlt wie ein Mensch.

Auf einer früheren Wanderung mit einem dritten Schuljahr war Lissy mit dabei. Maik Appenhofer, ein unbedarftes Riesenbaby, wich keinen Zentimeter von ihrer Seite.

„Der wollte mich partout an der Hand fassen", erzählte sie hinterher, als wir mit dem Auto nach Hause fuhren. „Sollte ich sie etwa zurückziehen?"

„Nein, es war doch nichts dabei. Der Maik ist die Gutmütigkeit in Person."

Wir sprachen von was anderem. Aber als wir ausstiegen, fragte Lissy: „Wie kommst du darauf zu sagen: Es war nichts dabei?“

Ich sah sie verblüfft an. „Natürlich war was dabei“, fuhr sie fort. „Der Junge suchte meine Nähe. Es tat ihm gut, meine Hand zu halten. Das war dabei.“

Lissy hatte es drauf, einen bei jeder Unzulänglichkeit festzunageln. Sie wäre bei dem Thema geblieben, zum Glück steckte jedoch im Postkasten ein Brief von Monique; da war alles andere für eine Weile nebensächlich.

Tinas Hand auf meiner zu spüren täte mir altem Esel wohl, aber es geht einfach nicht, Händchen haltend neben einer Schülerin zu sitzen. Und so sage ich laut: „Nanu, da hat doch jemand meine Hand gefangen!“

„Ich“, erwidert Tina ungeniert und strahlt mich an. „Ich wollte Sie nur was fragen!“

„Dann frag!“

„Warum gehen Sie eigentlich in Rente?“

„In Rente? Bei Beamten sagt man Pension. Ich gehe in Pension, weil ich schon so alt bin, dreiundsechzig.“

„So alt?“, staunt sie.

„Ja“, sage ich, „so alt. Aber du bist noch ganz jung und gehst im Sommer aufs Gymnasium nach Mittenberg.“

Tina lächelt glücklich. „Sie wohnen doch in Mittenberg. Darf ich Sie mal besuchen?“

„Aber natürlich“, sage ich und stehe auf. „Was glaubst du“, denke ich, „wer mich schon alles besuchen wollte!“

Lars kommt angekeucht, ganz außer sich, mit Augen wie ein Ochsenfrosch. „Herr Schwerenot, ein Luxusreisebus, ganz neu!“, schreit er, als verkünde er das achte Weltwunder.

Der Fahrer ist auch neu, ein smartes Bürschlein Anfang dreißig, mit dünnem Oberlippenbart. „Ja, den Bus haben wir gestern bekommen. Für die Touren nach Österreich und Spanien. Ich soll mich schon mal mit ihm vertraut machen.“

„Na, denn man los!“

Das Gepäck ist verstaut. Alles an Bord? Einmal zur Sicherheit abzählen!

Verstellbare Liegesitze mit Nackenstütze. „Ja, dürft ihr ausprobieren!“, sagt der Fahrer und erklärt, wie es gemacht wird. So wirbt man Kunden für morgen. Und auch das noch: „Weil so herrliches Wetter ist, fahre ich einen kleinen Umweg, an der Talsperre vorbei und durch die Berge, das ist schöner als über die Autobahn!“

Donnerlittchen! Hartmut wäre das bestimmt nicht eingefallen!

Die Sitze sind eine Wucht.

„Weich wie meine Schaumstoffmatratze“, flüstert mir Heike zu, als sie nach vorn kommt und mich fragt, ob sich am morgigen Unterricht etwas ändert. Warum sollte sich was ändern? Die erste Stunde wie geplant über den vorgesehenen Fahrtenbericht, Einteilung der Gruppen, Vergabe der Themen, Stichpunkte sammeln und vorlesen.

Nach einer Weile wird mir leicht schwummerig. Busfahren ist eben nicht mein Ding. Oder habe ich zu lange über Heikes Schaumstoffmatratze fantasiert? Richtig heiß ist mir. Ich schaue mich um. Anja, Susanne, Tobi und Lars schräg hinter mir haben rote Köpfe, verdrehen die Augen und fächeln sich Luft zu.

„So eine Hitze!“, stöhnt jemand.

Ich stehe auf, der besseren Übersicht wegen. Die sonst so lebhafte Truppe hängt in den Seilen und ist auffallend ruhig.

„Nur Geduld, Leute, die Sonne scheint, es geht auf Mittag zu.“ Ich muss mir den Schweiß abwischen. „Ziemlich heiß!“, sage ich zum Fahrer.

„Ja, ja“, antwortet der. „Ich habe die Klimaanlage schon eingeschaltet.“

„Gut, dann wird es sicher gleich kühler.“

Plötzlich springt Heike auf. „Ist hier irgendwo ein Eimer?“

Ich gebe ihr den Müllbehälter, der neben dem Fahrersitz steht. Zu spät. Dennis kann nicht halten, was in ihm hochkommt und übergibt sich in hohem Bogen. „Als wenn er explodiert wäre“, kommentiert Sarah. Zwar dreht er noch den Kopf Richtung Gang, aber der Sitz vor ihm mitsamt dem armen Frederik hat bereits die erste Eruption abbekommen. Der Bus hält an. Ich steige mit Dennis aus. Er spült den Mund mit Mineralwasser, geht ein paar Schritte auf und ab. Ich leere den Kotzbehälter. Das kühle Blau der Talsperre trägt zur Beruhigung bei. Zwar steht die Sonne hoch am Himmel, aber gegen die Saunahitze im Bus ist es draußen beinahe winterlich kalt. Der Fahrer zuckt verlegen die Schultern. „Irgendwas stimmt nicht mit der Klimaanlage. Ich habe sie doch eingeschaltet.“ In puncto Sachbeschädigung gibt er sich nachsichtig: „Die Sitze kann man abwaschen“, meint er und hat es jetzt eilig, die Fahrt zu Ende zu bringen. Wir lassen die Talsperre hinter uns, steuern in Serpentinen einen Höhenzug hinauf. Als wir oben sind, muss Stefan brechen. Ein süß-säuerlicher Geruch breitet sich aus. „Mir ist so schlecht!“, stöhnt es mal hier, mal da. Heike schafft es, ein Oberlicht zu öffnen. Der Luftzug verhindert nicht, dass auch Moritz sich übergeben muss. Zum Glück ist der Behälter rechtzeitig zur Stelle. Bald sind es nur noch ein paar Kilometer bis Eichhausen. Das macht die letzten Lebensgeister frei. Auf dem Schulhof warten Mütter, Väter, Omas und Opas. Die Kinder steigen aus, manche ein wenig benommen, aber das gibt sich schnell. Der Fahrer räumt den Kofferraum. Schreien und Lachen und ein Gewirre wie auf dem Kölner Hauptbahnhof.

Durch das Gewühle kämpft sich Lars zu mir hin. „Weißt du was, Herr Schwerenot: Der Fahrer hat die Heizung angehabt, bis oben gegen!“

„Wer sagt das?“

„Ich habe das gesehen, eben, auf dem Schaltpult. Und ich hab's ihm auch gesagt.“

In diesem Augenblick fährt der Bus an. Der Fahrer grüßt durch die offene Tür. Er hat es sehr eilig.

„Gute Fahrt!“, rufe ich ihm nach.

„Danke!“ Die Tür schließt sich.

„Jetzt gibt er Asche“, sagt Lars und stellt sachlich fest: „Er weiß ja nun, wie es geht mit der Klimaanlage.“

Ich klopfe ihm auf die Schulter: „Junge, aus dir wird mal was!“

Lars strahlt mich an. „Busfahrer“, sagt er.

Halb eins. Die sechste Stunde hat eben angefangen. Frau Rasche, die Schulsekretärin, ist schon weg. Die Kollegen sind im Unterricht, und ich sitze allein im Lehrerzimmer.

Entspannt nach hinten lehnen und durchatmen. Demnächst sollen die Fahrtkostenzuschüsse für Lehrer gestrichen werden. Wer dann noch auf Klassenfahrt geht, ist selber schuld. Immerhin: Eine Mutter hat sich bei mir bedankt, für die Mühe, die ich mir gemacht habe. Heike Jolant ist sofort los. Hat am Nachmittag Seminar. Und muss sich noch für morgen vorbereiten. Eine Stille wie ... wie auf dem Friedhof. Ich schließe die Augen.

Schritte auf dem Flur. Klebricht kommt im dunkelgrauen Anzug. War auf einem Empfang - für die Delegation aus der Partnerstadt. Deckt alles sein Gehalt ab. Wahrscheinlich kriegt er sogar was obendrauf.

„Tag Schwerenot, gut dass ich dich noch treffe. Du hast morgen nach der großen Pause eine Springstunde, könntest du vielleicht ...“

„Klar, kann ich.“

„Hat alles geklappt? Was ist mit deinem Auge?“

„Nicht der Rede wert. War nur eine Biene.“

„Eine Biene, so, so. Ach, übrigens ...“ Er schüttelt prüfend die Thermoskanne, die auf dem Tisch steht, gießt sich eine Tasse schwarzen Kaffee ein und setzt sich mir gegenüber. „Die Frau Rasche sagt, deine Ex hat angerufen. Wollte wissen, ob es stimmt, dass du nach diesem Schuljahr in Pension gehst.“

„Lissy?“

„Und ob es eine Feier gibt, hat sie gefragt.“

„Wie kommt sie denn dazu?“

„Mensch Schwerenot, so eine Frau! Pass auf, die führt was im Schilde – irgendeine Überraschung!“

Ich fahre nach Hause. Als ich aussteige, kommt mir miauend die Katze entgegen. Nachbarin Adelheid hat sich um sie gekümmert. Im Postkasten stecken Zeitungen, ein Prospekt von einem Reiseveranstalter und ein Brief von der Sparkasse. Wer sonst sollte mir geschrieben haben? Lissy und Monique bestimmt nicht.

Nach jeder Klassenfahrt, wenn ich die verlassenen Räume meiner Wohnung in Augenschein nehme, verdunkelt sich mein Gemüt, als lege sich ein graues Tuch darüber. Deshalb setze ich mich erst mal auf die Terrasse, wo die Sonne scheint, und blättere die Zeitung durch. Nichts Neues - das ist beruhigend. In sechs Wochen wird auf der Lokalseite eine Notiz von meiner Verabschiedung stehen. Dann werde ich, hoffentlich, mit einem blauen Auge davongekommen sein.

Samstag muss ich den Rasen mähen. Der Garten dahinter, seit Lissys Weggang Natur pur, muss noch ein Weilchen warten. Blühende Wildpflanzen haben sich da angesiedelt. Eine Nische für alle möglichen Schmetterlinge. Ist doch auch was! Einige von ihnen sollen aus Italien oder gar aus Afrika über die Alpen hierher finden! Was es alles für wunderbare Sachen auf diesem Planeten gibt! Der helle Wahnsinn!

Ich schaue den Prospekt an. Flugreisen! Woher auch sollen die wissen, dass ich grundsätzlich nicht mehr fliege? Noch heute bricht mir der Schweiß aus, wenn ich an die drei Flüge denke, die ich hinter mir habe. Höhenangst, Flugangst, Platzangst! Nein, nie mehr! Nicht mal mit Lissy ...

Lissy?

Mit ihr würde ich fliegen - um die ganze Welt.